Vida Commey

# Função de gestão de recursos humanos no sector da hotelaria e restauração: Um Concurso de Ferramentas Eficazes

AF671253

Vida Commey

# Função de gestão de recursos humanos no sector da hotelaria e restauração: Um Concurso de Ferramentas Eficazes

ScienciaScripts

**Imprint**

Any brand names and product names mentioned in this book are subject to trademark, brand or patent protection and are trademarks or registered trademarks of their respective holders. The use of brand names, product names, common names, trade names, product descriptions etc. even without a particular marking in this work is in no way to be construed to mean that such names may be regarded as unrestricted in respect of trademark and brand protection legislation and could thus be used by anyone.

Cover image: www.ingimage.com

This book is a translation from the original published under ISBN 978-3-659-83330-4.

Publisher:
Sciencia Scripts
is a trademark of
Dodo Books Indian Ocean Ltd. and OmniScriptum S.R.L publishing group

120 High Road, East Finchley, London, N2 9ED, United Kingdom
Str. Armeneasca 28/1, office 1, Chisinau MD-2012, Republic of Moldova, Europe
Managing Directors: Ieva Konstantinova, Victoria Ursu
info@omniscriptum.com

Printed at: see last page
**ISBN: 978-620-8-37205-7**

Copyright © Vida Commey
Copyright © 2024 Dodo Books Indian Ocean Ltd. and OmniScriptum S.R.L publishing group

# ÍNDICE DE CONTEÚDOS

## RESUMO

O ritmo de crescimento da indústria hoteleira em todo o mundo obriga todos os governos a desenvolverem o sector para obterem a sua parte do bolo e o Gana não é exceção. Há uma consciência crescente e provas de que o desempenho organizacional depende em grande medida do desenvolvimento dos recursos humanos. A ênfase no capital humano numa organização reflecte o ponto de vista de que o valor de mercado depende menos dos recursos tangíveis e mais dos intangíveis, em particular dos recursos humanos (Stile et al, 2003)

Não obstante, a maioria das empresas de hotelaria negligencia o bem-estar do capital humano, o que resulta numa elevada rotação de mão de obra no sector. A globalização, que está a expor o mercado ganês da hotelaria a uma forte concorrência, torna a questão do capital humano uma força a ter em conta.

Como resultado, esta tese procura descobrir como uma empresa hoteleira pode utilizar a função genérica da GRH para criar uma vantagem competitiva sustentável através dos trabalhadores no mercado hoteleiro de Kumasi. A este respeito, o trabalho tenta rever os conceitos de vantagem competitiva e a função genérica da GRH, integrando estes conceitos para mostrar como o desempenho de uma organização pode ser melhorado.

A investigação, que se baseou no método de inquérito, revela que a função genérica da GRH é de grande importância para os hotéis de Kumasi e que, ao formar e desenvolver os empregados certos, a rotatividade da mão de obra no sector pode ser minimizada, uma vez que os empregados formados e desenvolvidos se tornam muito fiéis à empresa. Além disso, a maior parte dos hotéis em Kumasi tem uma mentalidade de liderança em termos de custos, mas a sua implementação não é eficaz nos hotéis com classificação de estrelas mais baixa. No entanto, os hotéis com uma classificação de estrelas elevada são muito eficazes na aplicação da estratégia de diferenciação. O recrutamento de mão de obra de baixo calibre e com pouca formação é uma das principais conclusões, pelo que se recomenda que os gestores hoteleiros tenham em conta os benefícios a longo prazo e recrutem, formem e desenvolvam o calibre certo de pessoal, uma vez que é vital para uma vantagem competitiva sustentável.

## RECONHECIMENTO

Este trabalho tem, direta ou indiretamente, a marca de muitas pessoas e, por isso, o escritor deseja reconhecer, com muitos agradecimentos, a ajuda que estas pessoas deram para a sua conclusão. A minha primeira e profunda gratidão vai para o meu querido supervisor, o Sr. J.K. Turkson, Chefe do Departamento de Ciências de Gestão da Escola de Gestão da Universidade de Ciência e Tecnologia (KNUST), pela sua paciência e orientação e pelos seus conselhos académicos. Os meus sinceros agradecimentos ao Sr. Samuel Owusu-Mensah, através de quem a ideia de investigação foi obtida e desenvolvida. A assistência e a orientação dadas pelos meus professores de hospitalidade, Ben Honyenuga e Pualina Dzoyi, que garantiram a exatidão do estudo, também merecem ser reconhecidas.

A minha sincera gratidão vai também para o Sr. Samuel Akomea, professor de marketing da School of Business, KNUST e para o Sr. J.M. Frimpong, o reitor em exercício da School of Business, KNUST, pelos seus conselhos académicos, que contribuíram imensamente para o sucesso deste trabalho.

Um outro agradecimento vai para os gestores dos hotéis selecionados, pelo seu tempo, paciência e abertura, sem os quais o sucesso deste trabalho teria sido impossível.

Um agradecimento especial, respeito e apreço pelo Sr. A. N. Commey, o meu querido e amado marido, pelo seu amor, encorajamento, apoio financeiro, tempo, sacrifício e assistência total para levar este trabalho a bom termo.

Finalmente, toda a glória ao Deus Todo-Poderoso, sem o qual nada pode existir. A nossa mera existência depende d'Ele, pois Ele fez todas as coisas belas no Seu tempo, como prometeu. Grande é a Sua fidelidade, Glória ao Seu maravilhoso nome.

# CAPÍTULO UM

# INTRODUÇÃO

## 1.0 Antecedentes do estudo

O ritmo de crescimento da indústria hoteleira em todo o mundo obriga todos os governos a desenvolverem o sector para obterem a sua parte do bolo e o Gana não é exceção. Segundo Kotler (2006), a indústria das viagens é a maior indústria do mundo, a mais internacional e a mais lucrativa. Por conseguinte, há uma necessidade premente de desenvolver esta indústria, uma vez que o mundo está a tornar-se uma aldeia global. Tendo em conta este facto, o Governo do Gana, através do Ministério do Turismo e do Conselho de Turismo do Gana (GTB), está, por lei, a garantir que o Gana seja vendido como um destino turístico de qualidade, oferecendo normas e serviços aceitáveis aos turistas e desenvolvendo um turismo sustentável. Para o efeito, os nossos hotéis locais oferecem serviços de elevada qualidade.

Uma empresa é considerada como um organismo coeso que aprende a adotar ou a encontrar melhores formas de fazer as coisas (Child, 1993). A empresa hoteleira ou de hotelaria é uma indústria de serviços cujo patrocínio depende principalmente da confiança e da atitude do prestador de serviços. A este respeito, o investigador considera que o elemento dos recursos humanos deve ser bem tratado e, como muitos autores propuseram teorias para criar vantagens competitivas nas empresas, o autor pretende tomar um modelo da função genérica dos recursos humanos para examinar a melhor forma de os utilizar para criar uma vantagem competitiva sustentável nos hotéis de Kumasi.

### 1.0.1 A análise do sector

Uma das indústrias criativas, inovadoras e dinâmicas que está a crescer a um ritmo mais rápido é a indústria hoteleira. Este sector é regulado pelo Conselho de Turismo do Gana (GTB) ao abrigo do Instrumento Legislativo LI1205. As empresas do sector são hotéis, pensões, motéis, estâncias turísticas, viagens e excursões, restauração tradicional local, restaurantes, clubes noturnos, bares de bebidas locais, etc.

Tornar a hotelaria numa indústria viável e sustentável é uma das principais prioridades dos decisores políticos do Gana. O turismo é atualmente a maior fonte de divisas estrangeiras. Ashanti foi o lar de reis Ashanti ricos, poderosos e grandiosos. A riqueza da cultura não adulterada é visível no festival real Akwasidae, nos funerais, nas cerimónias de atribuição de nomes a crianças e nos rituais fetichistas. Estima-se que cinquenta por cento (50%) dos visitantes internacionais fazem questão de visitar a capital de Ashanti, Kumasi. (GTB, 2007) De acordo com o (GTB), existem mais de trezentos e trinta e dois hotéis (332) que satisfizeram os requisitos para operar um estabelecimento hoteleiro na região. Para os classificar, os hotéis são classificados por estrelas. A classificação é efectuada com base no número e na qualidade das instalações e dos serviços oferecidos. São classificados da seguinte forma;

### 1.0.2 Hotéis de luxo ou de cinco estrelas

1. Todo o hotel deve ser totalmente climatizado, incluindo as suites. Os outros quartos de hóspedes, as áreas públicas e os espaços existentes devem ser mantidos a uma temperatura constante.
2. Deverá existir vigilância de segurança para proteção dos hóspedes durante vinte e quatro (24) horas nas instalações do hotel.
3. Os antecedentes do pessoal devem ser declarados aptos por uma autoridade médica nacional.
4. Os antecedentes do pessoal devem ser devidamente verificados e certificados pelo Serviço de Polícia do Gana.
5. Deve haver uma enfermeira residente e um médico de serviço.
6. O pessoal deve ser objeto de uma formação regular, pelo menos quatro vezes por ano.
7. As instalações do hotel têm de ser mudadas regularmente, pelo menos uma vez por ano. O hotel deve dispor de um espaço de estacionamento com capacidade para, pelo menos, setenta por cento do número total de hóspedes do hotel.

### 1.0.3 Necessidade de hotéis de quatro estrelas

1. O pavimento das salas de receção e dos quartos de hóspedes deve ser de alcatifa de lã, de mármore, de cerâmica ou de porcelana, com tapetes de boa qualidade.

2. Deve ser prevista a formação regular do pessoal num estabelecimento de formação reconhecido no domínio da hotelaria e restauração, pelo menos uma vez por ano.

3. A segurança, a higiene e os seguros devem ser rigorosamente respeitados.

4. Deve haver segurança vinte e quatro horas para cada quarto de hóspedes.

### 1.0.4 Necessidade de hotéis de três estrelas

1. O hotel deve ter pelo menos dez (10) quartos de hóspedes devidamente mobilados.
2. Três por cento dos quartos de hóspedes devem ser adaptados a pessoas com deficiência física e isolados do ruído.
3. A segurança, a higiene e os seguros devem ser rigorosamente respeitados.
4. Deverão existir serviços de segurança vinte e quatro horas por dia. O hotel deve dispor de um espaço de estacionamento com capacidade para, pelo menos, cinquenta por cento do número total de hóspedes do hotel.

### 1.0.5 Necessidade de hotéis de duas estrelas

1. O hotel deve ter pelo menos dez (10) quartos de hóspedes devidamente mobilados.
2. O piso da receção, das salas de estar e dos quartos de hóspedes será devidamente

ladrilhados, em mosaico ou cobertos com tapetes de lã ou uma combinação adequada.

3. Todos os quartos de hóspedes devem ter ar condicionado, televisão, telefone e rádio.
4. O hotel deve dispor de um espaço de estacionamento com capacidade para, pelo menos, 50% do número total de hóspedes do hotel.

### 1.0.6 Necessidade de hotéis de uma estrela e hotel orçamentado

Um hotel com um padrão mínimo deve ter, pelo menos, dez (10) quartos de hóspedes, ventoinha de teto e ar condicionado. É necessário um mínimo de segurança para os hóspedes. Deve dispor de todos os serviços básicos (equipamento de combate a incêndios, iluminação e armazenamento de água). Pelo menos 50% do pessoal deve ter formação e experiência relevantes.

O sector é moderadamente concentrado, com dez (10) grandes hotéis que detêm oitenta por cento (80%) da quota de mercado. Em Kumasi, o líder de mercado é o Miklin Hotel, com cerca de 2 milhões de dólares de receitas anuais e 30 empregados. Está estrategicamente posicionado numa zona soberba de Kumasi. (GTB, 2007)

Devido à elevada rotação do pessoal no sector da hotelaria e restauração e noutros sectores de serviços, os hotéis mostram-se frequentemente relutantes em implementar estratégias de remuneração e recompensa, apesar da assistência prestada pela formação (GTB). A investigação demonstrou, no entanto, que ao fornecer um sistema adequado de apoio aos recursos humanos (RH), pode ser criado um compromisso para com uma organização. Isto pode resultar em melhores relações no local de trabalho, tanto para os trabalhadores como para a organização. Através de um inquérito, verificou-se que a melhoria das práticas de RH pode conduzir a uma melhoria das relações com o pessoal, à melhoria da qualidade, do empenho e da produtividade por parte do trabalhador, e pode também contribuir para reduzir a rotatividade da mão de obra, poupando assim à organização não só dinheiro em custos de recrutamento e de indução, mas também melhorando a rentabilidade (GTB, 2007).

### 1.0.7 Produto, operações e tecnologia

As principais fontes de receitas são as taxas de alojamento, a alimentação, as bebidas alcoólicas e a venda de mercadorias. As taxas de alojamento representam cerca de 70% das receitas, a alimentação 15% e as bebidas 5%. O funcionamento básico dos hotéis e motéis consiste em fornecer alojamento para dormir, limpeza, manutenção e uma variedade de serviços pessoais. Além disso, os hotéis podem oferecer restaurantes, salas de reuniões, acolhimento de eventos, serviços empresariais e serviços recreativos como golfe, ténis, piscinas, centros de fitness, etc. As despesas de funcionamento de um hotel estão principalmente relacionadas com a mão de obra, o que dá prioridade a uma gestão eficiente do pessoal. As receitas dependem tanto das taxas de ocupação como do preço cobrado pelos quartos.

Embora a maioria das empresas seja proprietária e explore os seus próprios hotéis, são também comuns outros acordos. Alguns hotéis obtêm a maior parte das suas receitas através de taxas de gestão. Esses hotéis podem franquear a sua marca a outros proprietários, gerir hotéis que pertencem a outros proprietários ou arrendá-los a outros proprietários. Algumas empresas também gerem propriedades com tempo partilhado. Um problema que está a prejudicar o sector é a "multiplicidade de impostos". Existem dez impostos diferentes impostos pelas várias agências governamentais, bem como pela Assembleia Distrital. Incluem a taxa de propriedade, as taxas de sinalização, a licença de funcionamento de empresas emitida pelas Assembleias Distritais, as taxas de licenciamento do GTB, as taxas de processamento e aprovação da Agência de Proteção Ambiental (EPA), a taxa de serviço de bombeiros, a taxa de certificado de saúde, o imposto sobre o valor acrescentado (IVA) e o Imposto sobre o Serviço de Receitas da Internet (IRST).

## 1.1 Declaração do problema

A força central de qualquer organização provém dos seus trabalhadores e desenvolvê-los conduzirá a uma base sólida para o futuro da organização, mas desenvolver o trabalhador é normalmente uma tarefa muito difícil para os gestores, pois estes ignoram o bem-estar do trabalhador. Esta atitude insensível dos gestores pode ter várias explicações. Por exemplo, alguns gestores pensam que o desenvolvimento do trabalhador irá aumentar o custo de produção e, consequentemente, reduzir o lucro. Outros são de opinião que desenvolver o trabalhador é um desperdício de recursos. Para alguns, a mão de obra barata faz o trabalho de qualquer maneira. O problema torna-se grave quando a globalização exige um determinado padrão nos nossos hotéis. É muito importante saber que a ausência de empregados bem formados não só prejudicará o crescimento organizacional, como também prejudicará a nossa imagem como nação perante o mundo exterior. É por esta razão que o investigador pretende examinar até que ponto as funções genéricas da gestão de recursos humanos estão a ser utilizadas para criar vantagens competitivas em Kumasi, uma das cidades turísticas do Gana.

## 1.2 Objectivos da investigação

O objetivo do estudo divide-se em objetivo geral e objectivos específicos.

### 1.2.1 Objetivo geral

O principal objetivo do estudo é descobrir se os hotéis de Kumasi utilizam os recursos humanos para criar vantagens competitivas

### 1.2.2 Objectivos específicos

i. Verificar se as empresas do sector utilizam ou não as funções genéricas das actividades de gestão dos recursos humanos,

ii. Descobrir a contribuição de cada uma das funções genéricas para a vantagem competitiva através dos trabalhadores.

iii. Verificar a influência das funções genéricas na rotatividade dos trabalhadores.

iv. Fazer as recomendações adequadas que se revelem necessárias no final do estudo.

## 1.3 Justificação do estudo

Schuler et al (1987) demonstraram que existe uma ligação entre a estratégia competitiva e as práticas e o desempenho dos RH. Além disso, as práticas de RH resultam de diferentes práticas de recursos humanos existentes na organização. O presente estudo centra-se nas práticas de RH que o trabalhador considera terem um impacto importante no seu desempenho.

O estudo procura examinar a utilização dos recursos humanos na criação de vantagens competitivas no sector hoteleiro. Pretende-se investigar até que ponto as funções genéricas dos recursos humanos são utilizadas para criar vantagens competitivas no sector e descobrir se existe alguma relação entre o desempenho do sector face a um ambiente competitivo intenso e o desenvolvimento dos recursos humanos. Desta forma, o investigador descobrirá se o desenvolvimento dos recursos humanos tem ou não um papel significativo a desempenhar no desempenho da indústria. ..

## 1.4 Questões de investigação a abordar

Como forma de gerar a informação adequada para facilitar a análise e a avaliação dos conceitos e teorias no âmbito das funções genéricas e da vantagem competitiva, o investigador consideraria as seguintes questões de investigação:

1. Qual é a função genérica dos RH?

2. Qual é a eficácia das funções genéricas que estão a ser utilizadas no sector da hotelaria em Kumasi?

3. Quais são as funções que contribuem de forma significativa para uma vantagem competitiva sustentável?

4. Como é que o modelo (funções genéricas) afecta a rotação dos trabalhadores?

## 1.5 Limitações do estudo

O estudo foi limitado por determinados factores. Estes factores são descritos a seguir;

i. **Suspeita e medo**

ii. **Falta de tempo**

iii. **Limitações financeiras**

### 1.5.1 Suspeita e medo

A falta de confiança deveu-se ao facto de os gestores recearem a publicação das informações fornecidas. Este facto exigiu novas estratégias de abordagem que causaram muitos atrasos. Uma carta de apresentação da escola de gestão foi muito útil.

### 1.5.2 Falta de tempo

Não foi fácil encontrar os gestores e os funcionários superiores, pois as datas e horas marcadas eram condicionantes. O exercício foi adiado várias vezes porque os funcionários estavam envolvidos em reuniões e noutras questões relacionadas com os seus horários no posto de trabalho.

### 1.5.3. Condicionalismos financeiros

O financiamento teve um custo, uma vez que o investigador teve de visitar os hotéis várias vezes antes de escolher os hotéis adequados e várias vezes para obter as informações necessárias.

## 1.6 Questões éticas

As preocupações éticas surgiram à medida que o investigador procurava aceder a organizações e indivíduos para recolher, analisar e comunicar dados. Por isso, o investigador quer garantir às organizações que os resultados da investigação só serão utilizados para fins académicos e que será tomado um cuidado especial para obter a autorização necessária para a utilização dos dados relevantes neste estudo.

## 1.7 Âmbito do estudo

Esta investigação limita-se a Kumasi, na região de Ashanti, que é uma das regiões administrativas do país. A escolha é deliberada, uma vez que permite uma representação adequada da mistura sociodemográfica desejada da população. Esta região tem a maior população das dez regiões do Gana. Foram selecionados dez hotéis com uma classificação de estrelas de um a cinco.

## 1.8 Organização do estudo

Este trabalho foi dividido em cinco capítulos principais. O capítulo um trata da introdução geral ao estudo, que inclui os antecedentes do estudo, o enunciado do problema, a finalidade do estudo, os objectivos do estudo, o racional do estudo, as questões de investigação, a limitação do estudo, o âmbito do estudo, as questões éticas e a organização do estudo. O capítulo dois faz uma revisão da literatura sobre as variáveis de vantagem competitiva e a função genérica do recurso humano. O capítulo três aborda os métodos e procedimentos utilizados na recolha e análise dos dados para a investigação. No capítulo quatro, os dados recolhidos são analisados e discutidos. No último capítulo, o capítulo cinco, os resultados e as discussões efectuadas nos capítulos anteriores são resumidos e são feitas conclusões e recomendações sobre os mesmos.

# CAPÍTULO DOIS

# REVISÃO DA LITERATURA RELACIONADA

## 2.0 Introdução

Existe uma consciência e uma evidência crescentes de que o desempenho organizacional depende em grande medida do desenvolvimento dos recursos humanos. A ênfase no capital humano numa organização reflecte o ponto de vista de que o valor de mercado não depende de recursos tangíveis, mas sim de recursos intangíveis, em particular os recursos humanos (Stile et al, 2003). Isto é especialmente verdade no sector da hotelaria e restauração, que é mais uma indústria de serviços do que de produtos.

Tendo em conta este facto, as medidas de desenvolvimento do capital humano, tais como o recrutamento, a retenção, a atitude dos trabalhadores, a remuneração e a recompensa, a formação, o desenvolvimento das competências e capacidades dos trabalhadores, a avaliação e a satisfação geral dos trabalhadores, devem ser a principal preocupação de todas as organizações. Um fator que pode distinguir uma organização dos seus concorrentes, quer se trate de serviços ou produtos, no sector privado ou público, são os seus empregados, o seu entusiasmo e a sua satisfação com os seus empregos e com a empresa, o que tem um impacto significativo na produtividade da organização, no nível de serviço ao cliente, na reputação e na sobrevivência (Jassim, 1998).

Devanna et al, (1995) sugerem quatro "funções genéricas" ou GRH, nomeadamente, seleção, avaliação, recompensas e desenvolvimento, que actuam como variáveis independentes, num ciclo de intervenções de recursos humanos sobre a variável dependente do desempenho. A luta para obter vantagens competitivas em mercados que crescem cada vez mais ferozmente, como o sector dos serviços, alterou radicalmente a compleição de muitas empresas. Os teóricos da GRH começam a defender que a GRH deve ser reconhecida como uma fonte de vantagem competitiva (Boxall et al, 1992).

Este capítulo, que se divide em três secções principais, examina, portanto, do ponto de vista teórico, a relação existente entre a função genérica dos recursos humanos e a vantagem competitiva. A primeira secção trata da introdução ao capítulo e revela a origem do conceito de função genérica dos recursos humanos e de vantagem competitiva. A segunda secção aborda o conceito de vantagem competitiva e a sua relevância no ambiente moderno, a terceira e última secção analisa a forma como a vantagem competitiva pode ser construída e sustentada pela função genérica dos recursos humanos e pelo desempenho dos trabalhadores.

## 2.1 Conceitos de vantagem competitiva e funções genéricas

A vantagem competitiva pode ser definida como uma vantagem sobre os rivais, atraindo clientes e defendendo-se contra a força competitiva (Thompson et al, 1995). Por outras palavras, a vantagem competitiva é "a posição de superioridade duradoura sobre os concorrentes em termos da preferência dos clientes" (Christopher, 1998). Isto indica, portanto, que, para uma empresa sobreviver e prosperar, precisa de ter uma fonte de vantagem competitiva. As empresas dispõem de muitas fontes para obter vantagens competitivas. Mas uma fonte proeminente de criação de vantagem competitiva é o valor que as caraterísticas distintivas de um produto ou serviço acrescentam aos clientes de uma empresa (Slater, 1996). No entanto, é de notar que, para que uma empresa crie esse valor, precisa de ter competências essenciais.

Ao nível mais simples, as empresas criam valor investindo em actividades que requerem competências que podem desempenhar mais habilmente do que outras empresas. Estas aptidões representam as capacidades distintivas ou as competências de base que a empresa possui em relação aos seus concorrentes. Estão na base da capacidade da empresa para superar a concorrência. É importante notar que não basta ser tão bom como a concorrência, ou seja, ter uma competência limiar; uma empresa deve ter uma vantagem excecional ou uma competência distintiva, que lhe dê "uma vantagem" sobre os concorrentes (Neale et al, 2004)

Uma empresa pode ser vista como um conjunto de competências e não como um grupo de actividades. Por exemplo, a principal competência da Honda é o fabrico de motores, o que ajuda a explicar o seu sucesso no fabrico de motociclos, automóveis e cortadores de relva. A competência essencial da Canon no domínio da ótica está na base da sua produção de máquinas fotográficas e fotocopiadoras. As competências nucleares estão frequentemente estabelecidas há muito tempo nas empresas e acabam por definir aquilo por que a empresa é conhecida. Muitas vezes, uma empresa bem sucedida pode ter apenas uma ou duas competências que lhe conferem uma atenção especial por parte dos clientes. (Neale et al, 2004) Há muitos exemplos de competências de base que podem ser aproveitadas para acrescentar valor: relações com os clientes, relações com os fornecedores, qualidade da gestão, fiabilidade da produção, gestão dos recursos humanos, capacidade de inovação e capacidade em matéria de tecnologias da informação. Em geral, as competências de base permitem que uma empresa acrescente valor através da adoção de uma das posições estratégicas identificadas por Porter (1985): liderança em termos de custos, diferenciação e focalização num nicho.

### 2.1.1 Liderança de custos

No âmbito da liderança em termos de custos, uma competência essencial é suscetível de permitir à empresa produzir algo ou prestar um serviço a um custo inferior ao dos seus concorrentes. A competência essencial permitirá à empresa ser mais eficiente e mais capaz de reduzir tanto quanto possível os custos de produção e outros custos. Para obter uma vantagem em termos de custos, o custo acumulado de uma empresa em toda a sua atividade - cadeia de custos - deve ser inferior aos custos acumulados dos concorrentes. Há duas formas de o conseguir:

A: melhorar a eficiência e controlar os custos ao longo da cadeia de custos da atividade existente.

B: reformular a cadeia de actividades-custos da empresa para contornar completamente algumas actividades produtoras de custos (Thompson et al, 1993). Isto indica que a obtenção de uma vantagem em termos de custos implica gerir os rivais em termos de eficiência e de controlo dos custos e encontrar formas criativas de eliminar da cadeia de actividades-custos as actividades que produzem custos. A eficiência e o controlo dos custos O controlo e a eficiência dos custos são determinados por uma série de factores de custo, nomeadamente a economia de escala, a experiência, o custo de fornecimento e a conceção do produto/processo (Johnson et al, 2004).

A economia de escala é tradicionalmente uma importante fonte de vantagem de custos nas organizações industriais, uma vez que o elevado capital da fábrica precisa de ser recuperado num elevado volume de produção nas indústrias, procurando-se uma economia semelhante nos custos de distribuição ou de marketing e que algumas organizações sustentem a sua posição competitiva através de competências nucleares em actividades que mantenham estas vantagens de escala (Johnson et al, 2004).

Os custos de aprovisionamento também podem influenciar a posição global de custos de uma organização. A localização pode influenciar os custos de aprovisionamento, razão pela qual, historicamente, o fabrico de aço ou vidro se situava perto de fontes de matérias-primas ou de energia. Na conceção do processo de produção, a eficiência é um ganho nos processos de produção que tem sido alcançado por muitas organizações ao longo de vários anos através da melhoria da capacidade até, do rendimento da produção do trabalho (a partir de materiais) ou da utilização do capital de exploração. Aqui a questão importante é ter o conhecimento para compreender a importância relativa de cada item para a vantagem competitiva numa situação particular.

A experiência pode ser a principal fonte de vantagem em termos de custos e têm sido efectuados muitos estudos sobre a importância da relação entre a experiência acumulada adquirida por uma organização e o seu custo unitário, descrita como a curva de experiência. A premissa destas conclusões é que, em qualquer segmento de mercado de uma indústria, os níveis de preços tendem a ser muito semelhantes para produtos semelhantes (Johnson et al, 2004). Por conseguinte, o que torna uma empresa mais rentável do que a outra deve ser o nível dos seus custos. A curva de experiência sugere que uma organização que realiza qualquer atividade aprende a fazê-la de forma mais eficiente ao longo do tempo e, por conseguinte, desenvolve competências essenciais nessa atividade.

### 2.1.2 Estratégia de diferenciação

A posição estratégica seguinte identificada por Porter (1985), através da qual a competência nuclear pode ser desenvolvida, é a diferenciação. A estratégia de diferenciação é uma estratégia que procura fornecer produtos e serviços únicos ou diferentes dos da concorrência em termos de dimensões amplamente valorizadas pelos compradores (Johnson et al, 2004). Por outras palavras, tal como referido por Porter (1985) citado por Williams et al (1990), a diferenciação consiste em a empresa procurar ser única no seu sector em termos de dimensões amplamente valorizadas pelos compradores. O objetivo da estratégia de diferenciação é obter uma quota de mercado mais elevada do que a dos concorrentes (o que, por sua vez, pode produzir benefícios em termos de custos), oferecendo melhores produtos ou serviços ao mesmo preço, ou melhorar a gestão através de preços ligeiramente mais elevados. É necessário salientar aqui que a vantagem competitiva por diferenciação resulta quando um número suficiente de compradores se afeiçoa fortemente aos atributos de uma oferta de produtos diferenciadores.

Uma diferenciação bem sucedida permite a uma empresa obter um preço mais elevado para os seus produtos, e ou vender mais unidades (porque os compradores adicionais são conquistados pelas caraterísticas diferenciadoras), e ou obter uma maior fidelidade dos compradores à sua marca, porque alguns compradores são fortemente atraídos pelas caraterísticas diferenciadoras) (Thompson et al, 1993).

Tudo o que uma empresa pode fazer para criar valor para o comprador representa uma base potencial para a diferenciação e, assim que uma empresa encontra boas fontes de valor para os compradores, deve incorporar os atributos que criam valor no seu produto a um custo aceitável. Vale a pena sublinhar aqui que a diferenciação proporciona uma certa proteção contra estratégias rivais, porque os compradores se tornam fiéis à marca ou ao modelo de que mais gostam e estão frequentemente dispostos a pagar um pouco (talvez muito) mais por isso. Mais ainda, uma diferenciação bem sucedida tem um conjunto de benefícios, ou seja:

1) Ergue barreiras à entrada sob a forma de lealdade e singularidade dos clientes que os recém-chegados têm dificuldade em ultrapassar,

2) atenua o poder de negociação dos grandes compradores, uma vez que os produtos rivais são menos atractivos para eles, e

3) Ajuda uma empresa a defender-se das ameaças de substitutos

Os tipos mais atractivos de estratégias de diferenciação são os menos sujeitos a um início rápido ou pouco dispendioso (Thompson et al, 1993). É aqui que as competências de base se tornam um importante ativo competitivo, porque quando uma empresa possui capacidades e conhecimentos especializados que os concorrentes não conseguem igualar facilmente, pode utilizá-los como base para uma diferenciação bem sucedida. É mais provável que a diferenciação produza uma vantagem competitiva atractiva e duradoura se se basear na superioridade técnica, na qualidade, em mais serviços de apoio ao cliente e numa melhor relação qualidade/preço.

Não obstante, não há, obviamente, garantias de que a diferenciação produza uma vantagem competitiva significativa (Thompson et al, 1993). Isto é

porque, se os compradores virem pouco valor na singularidade (ou seja, se um artigo de série satisfizer as suas necessidades). Uma estratégia de baixo custo pode facilmente derrotar uma estratégia de diferenciação. Além disso, a diferenciação pode ser derrotada desde o início se os concorrentes puderem copiar rapidamente a tentativa de diferenciação.

### 2.1.3 Estratégia de focalização

A última posição estratégica identificada por Porter (1985), que pode ser construída através da competência de base, é a estratégia de focalização. Enquanto as duas estratégias anteriores envolvem apelar a todos os clientes num mercado, algumas empresas podem optar por visar um segmento mais restrito dentro de uma indústria como a melhor estratégia para explorar a vantagem que as competências nucleares dão. É provável que adaptem a sua estratégia para servir esse segmento específico de forma mais eficaz do que os seus concorrentes (Neale et al, 2004). As estratégias de focalização podem envolver a liderança em termos de custos (focalização nos custos) ou a diferenciação (diferenciação na focalização). A base da vantagem competitiva de uma empresa focalizada é um custo inferior ao dos concorrentes para servir o nicho de mercado ou a capacidade de oferecer aos membros do nicho algo diferente dos outros concorrentes. Um exemplo clássico é o mercado dos automóveis de turismo.

Neste mercado, a Ford, a Rover, a Peugeot, a Renault, a Volkswagen e os concorrentes japoneses estão todos a competir no mercado, tentando, muitas vezes com alguma dificuldade, convencer os clientes de que o seu produto é diferenciado dos seus concorrentes. Um Lexus é também um automóvel de turismo, mas não procura competir diretamente com estes outros fabricantes. Está a oferecer um produto com um valor percebido mais elevado a um preço substancialmente mais elevado do que no mercado das berlinas.

## 2.2 Funções genéricas

Existe um grande e crescente conjunto de provas que demonstram uma ligação positiva entre o desenvolvimento do capital humano e o desempenho organizacional. A ênfase no capital humano nas organizações reflecte o ponto de vista de que o valor de mercado depende menos dos recursos tangíveis e mais dos intangíveis, particularmente dos recursos humanos Stile et al (2003). No entanto, recrutar e reter os melhores empregadores é apenas uma parte da equação. A organização também tem de aproveitar as competências e capacidades dos seus empregados, encorajando a aprendizagem individual e organizacional e criando um ambiente de apoio em que o conhecimento possa ser criado, partilhado e aplicado. Para o conseguir, uma organização tem de passar com êxito pela função genérica dos recursos humanos.

O objetivo da gestão de recursos humanos é visto como a otimização do valor dos recursos humanos. Devanna et al (1995) sugerem quatro "funções genéricas de GRH, nomeadamente, seleção, avaliação, recompensas e desenvolvimento, que actuam como variáveis independentes, num ciclo de intervenções de recursos humanos sobre a variável dependente do desempenho.

### 2.2.1 Seleção

A seleção pode ser definida como o processo de escolher, de entre um conjunto de candidatos, os indivíduos que melhor se adequam aos critérios de seleção para um determinado cargo (Asafo, 2006). O processo de seleção é um processo crítico para todos os gestores. É o processo utilizado para avaliar os candidatos do grupo em função dos requisitos do cargo ou da organização (Brannan, 2001). É preciso ter em conta não só o facto de que uma decisão incorrecta pode levar a um custo tremendo em termos de recursos e oportunidades, mas também que muitas pessoas serão afectadas pela decisão. Vale a pena notar que a escolha correta pode significar crescimento e aumento da produtividade para todo o grupo de trabalho associado ao novo contratado. Um processo de seleção eficaz tem como objetivo básico a contratação de trabalhadores com maior probabilidade de atingirem um nível elevado numa função ou num grupo de trabalho e, mais tarde, serem reconvertidos ou promovidos conforme as necessidades futuras. Assim, os objectivos de um processo de seleção eficaz incluem o desenvolvimento de uma força de trabalho de elevado desempenho, o aumento da taxa de retorno sobre os custos de recrutamento (despesas de seleção como um investimento para reduzir a rotatividade, os custos de formação e benefícios e uma boa relação custo-benefício para as despesas salariais) e a seleção de candidatos com um desempenho de topo que serão capazes de atrair outros como eles e continuar um processo vencedor.

Todas as actividades de seleção, desde a entrevista inicial de seleção até ao exame físico, se necessário, existem com o objetivo de tomar decisões de seleção eficazes e são consideradas a fase mais crucial em que os candidatos são comparados com os requisitos do posto de trabalho (Maund, 2001). Neste caso, sucesso significa um bom desempenho nos critérios que a organização utiliza para avaliar o pessoal. Para uma posição de vendedor, por exemplo, os critérios devem ser capazes de prever quais as candidaturas que obterão avaliações elevadas dos alunos ou gerarão muitas publicações de alta qualidade, ou ambas. Qualquer decisão de seleção pode dar origem a alguns resultados possíveis. Primeiro, decisão correta: a direção aceita e o desempenho profissional do trabalhador é bem sucedido. Em segundo lugar, decisão correta: a direção rejeita o candidato, mas o seu desempenho profissional não é bem sucedido. Em terceiro lugar, Aceita: a direção aceita o erro quando o desempenho profissional posterior não é bem sucedido. Por último, aceitar o erro: aqui a direção rejeita o erro quando o desempenho posterior do trabalho é bem sucedido. Pode deduzir-se que dois dos resultados das decisões de seleção indicam decisões corretas, mas dois indicam erros. As decisões corretas são aquelas em que se previa que o candidato seria bem sucedido e, mais tarde, provou ser bem sucedido no trabalho, ou em que se previa que o candidato não seria bem sucedido e teria tido um desempenho adequado se fosse contratado. No primeiro caso, o candidato foi aceite com êxito; no segundo caso, foi rejeitado com êxito. Assim, o objetivo das actividades de seleção é desenvolver resultados que sejam decisões corretas.

No entanto, os problemas surgem quando cometemos erros - projectando candidatos que mais tarde terão um bom desempenho no trabalho (rejeitando erros) ou aceitando os indivíduos que mais tarde terão um mau desempenho no trabalho (aceitando erros). Infelizmente, estes problemas estão longe de ser insignificantes. A rejeição de erros significa, historicamente, que o custo da realização das actividades de seleção aumentaria. Por exemplo, as técnicas de seleção actuais que resultam em erros de rejeição podem expor o empregador a violações, especialmente se certas categorias de candidatos (como as mulheres e as minorias) forem rejeitadas de forma desproporcionada.

Os erros de aceitação, por outro lado, têm custos muito óbvios para a organização, incluindo o custo da formação dos empregados, os custos gerados (lucros) devido à falta de competência dos empregados, os custos de despedimento e os custos subsequentes de um novo recrutamento e seleção (Cawsey et al, 1979). Por conseguinte, é necessário afirmar que o principal objetivo de qualquer atividade de seleção é reduzir a probabilidade de cometer erros de rejeição ou de aceitação, aumentando simultaneamente a probabilidade de tomar decisões corretas. Neste caso, a atividade de seleção será eficaz em termos de custos e contribuirá em grande medida para o bem-estar da empresa.

### 2.2.2 Recompensa

O ponto seguinte das funções genéricas da gestão dos recursos humanos é a retribuição. Neste contexto, a recompensa é utilizada como pagamento, sob todas as formas, ao trabalhador. As pessoas comportam-se da forma que acreditam ser do seu interesse e procuram constantemente recompensas pelos seus esforços. Esperam que um bom desempenho profissional conduza a recompensas organizacionais e procuram ainda recompensas que satisfaçam os seus objectivos ou necessidades individuais (DeCenzo et al, 2002). Consequentemente, as organizações utilizam a recompensa para motivar as pessoas. As organizações recorrem às recompensas para motivar os candidatos a emprego a juntarem-se à organização. Dependem certamente das recompensas para que os empregados venham trabalhar e tenham um desempenho eficaz depois de contratados. Existem várias formas de classificar as recompensas. Para efeitos da presente dissertação, foram selecionadas três das dicotomias mais típicas: recompensas intrínsecas versus recompensas extrínsecas, recompensas financeiras versus recompensas não financeiras e recompensas baseadas no desempenho versus recompensas baseadas na adesão. Todas as recompensas podem ser designadas por pagamento, tal como Foot et al (1999), citado por Maund (2001), e podem incluir pagamentos monetários ou não monetários.

Os funcionários da GRH estão envolvidos na criação de um sistema de pagamento e de outras prestações, que combinam princípios gerais de conceção e se relacionam com factores internos e externos à organização. As questões relevantes surgem em todos os subsistemas organizacionais - objectivos, estrutura, tecnologia e pessoas - e no ambiente principal - os mercados de trabalho e de negócios, o quadro jurídico e as partes interessadas, como os sindicatos (Naylor, 2004). Estas questões podem tornar os custos da GRH elevados; no entanto, através da eficiência e da coerência, podem ser evitados litígios e problemas, contribuindo simultaneamente para a realização dos objectivos organizacionais.

As recompensas intrínsecas são as satisfações que se obtêm com o próprio trabalho. Estas satisfações são recompensas imitadas pelo próprio, como o orgulho no trabalho, o sentimento de realização ou o facto de fazer parte de uma equipa. Mais técnicas de enriquecimento do emprego, semanas de trabalho mais curtas, tempo flexível e rotação de empregos podem oferecer recompensas intrínsecas através de empregos interessantes e desafiantes e permitindo ao trabalhador uma maior liberdade. Por outro lado, as recompensas extrínsecas incluem dinheiro, promoções e benefícios adicionais. A sua caraterística comum é o facto de serem externas ao trabalho e provirem de uma fonte externa, principalmente da direção. Assim, se um trabalhador tiver um sentimento de realização ou de crescimento pessoal num emprego, classificá-lo-íamos como uma recompensa intrínseca. Mas se o trabalhador recebe um aumento de salário ou um artigo numa revista da empresa, essa recompensa pode ser classificada como extrínseca. Segundo Maund (2001), os elementos não pecuniários do pacote de recompensas de um trabalhador, por exemplo, as férias pagas, estão intimamente ligados aos elementos pecuniários. No entanto, os investigadores em matéria de motivação partem geralmente do princípio de que as recompensas intrínsecas e extrínsecas são independentes, ou seja, que a estimulação de uma não afecta a outra. No entanto, as investigações efectuadas nas décadas de 1960 e 1970 sugeriram que este pressuposto poderia estar errado. Não obstante, as recompensas extrínsecas continuam a ser consideradas como uma influência importante no desempenho do trabalhador e vistas como independentes das recompensas intrínsecas que o trabalhador obtém do próprio trabalho.

O tipo seguinte de recompensas é o das recompensas financeiras e não financeiras. É de notar que as recompensas podem ou não melhorar o bem-estar financeiro do trabalhador. Se o fizerem, podem fazê-lo diretamente - através de salários, bónus, participação nos lucros, etc.; ou indiretamente - através de benefícios de apoio, tais como planos de pensões, férias pagas, baixa médica paga e descontos na compra. Por outro lado, as recompensas não financeiras são aquelas que não aumentam a posição financeira do empregado. Assim, em vez de melhorar a vida do trabalhador no emprego, as recompensas não financeiras visam tornar a vida no emprego mais atractiva. A natureza destas recompensas não financeiras é tal que a sua criação é limitada apenas pelo engenho dos gestores e pela sua capacidade de avaliar "recompensas" dentro da sua jurisdição que os indivíduos da organização considerem desejáveis (DeCenzo et al, 2002).

O próximo tipo de recompensa é a recompensa baseada no desempenho versus a recompensa baseada na filiação. As recompensas baseadas no desempenho são exemplificadas pela utilização de comissões, planos de remuneração antes do trabalho, sistemas de incentivos, bónus de grupo ou outras formas de plano de remuneração por mérito. Por outro lado, as recompensas baseadas na filiação incluem a participação nos lucros, benefícios e aumentos salariais atribuíveis às condições do mercado de trabalho. Para efeitos práticos, as recompensas baseadas na filiação podem ser divididas em explícitas e implícitas (DeCenzo et al, 2002). Diz-se que as recompensas baseadas na filiação são explícitas quando são constituídas por benefícios e serviços que se destinam a todos os trabalhadores, independentemente do seu nível de desempenho. Por exemplo, todos os enfermeiros de um determinado hospital recebem dez dias de baixa por doença, cobertura de hospitalização paga, acesso à cooperativa de crédito e uma série de outros benefícios e serviços, independentemente de fazerem um trabalho excelente ou apenas aceitável.

Independentemente do tipo de recompensa implementado, a sua eficácia depende de certas qualidades: importância, distribuição equitativa, visibilidade, flexibilidade, baixo custo, etc. Diz-se que um tipo de recompensa satisfaz uma qualidade importante de recompensa eficaz quando satisfaz as necessidades dos trabalhadores. Isto deve-se ao facto de não se dever assumir universalmente que uma recompensa é importante para todos os empregadores, uma vez que o dinheiro, por exemplo, pode ter um significado diferente para pessoas diferentes. Pode representar uma segurança básica e ter poder, uma medida das realizações de uma pessoa, ou principalmente os meios para um estilo de vida confortável. A investigação também indica que a preferência por recompensas é significativamente afetada pela idade, pelo estado civil e pelo número de filhos que um trabalhador tem. Adicionalmente, em termos da teoria da expetativa, a motivação é optimizada quando os trabalhadores vêem que as recompensas satisfazem as suas necessidades (Maund, 1999). Consequentemente, um bom sistema de recompensas deve ser concebido para oferecer recompensas heterogéneas a uma força de trabalho heterogénea, o que significa que os trabalhadores devem ser recompensados com aquilo que consideram individualmente importante.

A qualidade seguinte que uma recompensa eficaz deve satisfazer é a qualidade da distribuição equitativa. Isto significa que a equidade entre os trabalhadores da organização e a equidade em relação ao que as pessoas recebem por fazer um trabalho semelhante noutra organização. Como tal, é percetível um desequilíbrio entre o que as pessoas colocam num trabalho e o que obtêm dele em relação ao rácio de dar e receber dos outros e a teoria da equidade foi proposta para explicar isso. Os dados indicam que o referente escolhido pelo trabalhador é uma variável importante na teoria da equidade. São identificáveis três categorias de referentes: "Outro", "sistema" e "eu". A outra categoria inclui "outros" indivíduos com empregos semelhantes na mesma organização, bem como amigos, vizinhos ou profissionais associados. Com base na informação que os trabalhadores recebem através de palavras ou através de jornais e revistas sobre questões como os salários dos executivos ou um contrato sindical recente, os trabalhadores podem comparar o seu salário com o dos outros. A categoria do sistema considera as políticas e procedimentos salariais da organização e a administração deste sistema. A categoria "eu" refere-se aos rácios input - outcome exclusivos do indivíduo que diferem do rácio input - outcome atual do indivíduo. A categoria "eu" é influenciada por critérios como empregos anteriores ou compromissos que devem ser cumpridos em termos de papel familiar. Neste caso, o fator notável é que a escolha de um determinado conjunto de referentes está relacionada com a informação disponível sobre os referentes, bem como com a sua relevância percebida (DeCenzo et al, 2002).

A qualidade seguinte é que a recompensa eficaz deve ser visível, porque uma recompensa que não é visível para o trabalhador pode não conseguir obter o efeito motivador desejado pelos trabalhadores. Por outro lado, uma recompensa verdadeiramente visível chama a atenção não só do trabalhador individual, mas também dos seus pares. Esta última qualidade significa que a recompensa visível pode contribuir para satisfazer as necessidades de estima e reconhecimento dos trabalhadores.

A visibilidade das recompensas pode ser alcançada através de bónus bem publicitados, da atribuição de aumentos salariais anuais de uma só vez, em vez de os distribuir ao longo de todo o ano, e da eliminação do secretismo em torno da remuneração, comunicando abertamente a remuneração de cada um. Foi sugerido que o aumento salarial de montante fixo pode ser um dispositivo bem sucedido para aumentar a visibilidade dos prémios. Mas, provavelmente, a abordagem mais amplamente discutida e controversa para aumentar a visibilidade das recompensas é eliminar o tradicional secretismo em torno da remuneração. Os defensores da abertura argumentam que o secretismo salarial desencoraja efetivamente os trabalhadores (DeCenzo et al, 2002). O secretismo pode tender a funcionar a favor das desvantagens da utilização de gestores de fundos, porque mesmo as remunerações programadas e os diferenciais mais cuidadosamente calculados podem ser vistos como potencialmente menos compensadores do que são na realidade. Mas é necessário salientar aqui que a total abertura sobre as políticas salariais é, de facto, rara nas organizações e que, se essa informação fosse do conhecimento geral, os trabalhadores comprometer-se-iam a comparar os seus salários com os de todos os outros e a inevitabilidade do erro humano revelaria quaisquer desigualdades no sistema de remuneração.

A qualidade de flexibilidade de uma recompensa eficaz significa que a recompensa deve variar em função das mudanças de desempenho. Por exemplo, se o desempenho profissional de um trabalhador diminuir em 2007, a recompensa que recebeu em 2006 deve, idealmente, ter a capacidade de se ajustar à evolução negativa. Os atributos da qualidade da flexibilidade são vistos de duas perspectivas principais. Em primeiro lugar, a recompensa deve ser flexível em termos do montante atribuído e do facto de ser ou não atribuída a todos na organização. Um exemplo clássico é o bónus de desempenho, que pode ser ajustado para cima, para baixo ou eliminado. O outro atributo é que a recompensa deve ser dada frequentemente sem perder importância.

A última qualidade de uma recompensa eficaz é o baixo custo. As recompensas não são bens gratuitos e a organização deve considerar o custo juntamente com os benefícios de qualquer recompensa. Uma recompensa de custo elevado simplesmente não pode ser distribuída com tanta frequência e, quando o é, reduz a eficácia da organização devido ao seu custo. Pode notar-se que, se todas as outras funções forem iguais, a recompensa de menor custo deve ser preferível para a gestão.

### 2.2.3 Avaliação do desempenho

A avaliação do desempenho significa avaliar as pessoas nas suas funções para tomar decisões relevantes. Estas abrangem a remuneração, a promoção, a formação e o desenvolvimento, o aconselhamento e o planeamento dos recursos humanos (Naylor 2004). Para o fazer com exatidão, é necessário clarificar o que constitui o desempenho.

Diz-se que os trabalhadores têm um bom desempenho quando são produtivos, mas a própria produtividade implica uma preocupação com a eficácia e a eficiência. É de notar que a eficácia se refere ao cumprimento de objectivos e a eficiência avalia o rácio entre os inputs consumidos e os outputs alcançados. Por exemplo, se se espera que uma organização produza um produto num período de tempo específico (digamos, quatro horas), diz-se que a organização é eficaz se utilizar menos horas (digamos, 2 ^ horas) para produzir o mesmo artigo. A organização é eficiente se utilizar menos custos ou esforços para produzir o produto pretendido.

Para além da produtividade, medida em termos de eficácia e eficiência, o desempenho inclui também dados relativos ao pessoal, tais como medidas de acidentes, rotatividade, ausências e dureza. A este respeito, um bom empregador é aquele que não só tem um bom desempenho em termos de produtividade, mas também minimiza os problemas para a organização, chegando ao trabalho a horas, não faltando dias e minimizando o número de acidentes de trabalho (Mullins, 1998).

A avaliação do desempenho passa por um processo. Em primeiro lugar, são estabelecidas normas de desempenho. Segue-se a comunicação das normas de desempenho (expectativas). O passo seguinte é a medição do desempenho e, finalmente, o início da ação colectiva, quando necessário. Do ponto de vista da categoria, a avaliação do desempenho pode ser efectuada de duas formas: Padrões absolutos e padrão relativo.

A diferença entre os dois é que, na categoria de padrão absoluto, os indivíduos não são comparados com outros indivíduos, mas o oposto é o caso da categoria de padrão relativo. Incluem-se na categoria de padrão absoluto os seguintes métodos.

a) A avaliação de ensaio, a avaliação de incidente crítico, a lista de controlo, a escala de classificação gráfica de escolha forçada e a Escala de Classificação Ancorada no Comportamento (BARS). No caso de normas relativas, podem ser considerados os seguintes métodos: classificação de outro grupo, classificação individual e comparação emparelhada.

A eficácia da avaliação do desempenho é por vezes afetada por algumas distorções.

Estas distorções, de acordo com Decenzo et al (2002), incluem: erro de clemência, erro de halo, erro de semelhança, baixa motivação do avaliador, tendência central, forçar a informação a corresponder a critérios de não desempenho, pressões inflacionárias e substitutos inadequados para a teoria do desempenho e da atribuição.

Consequentemente, para garantir uma avaliação do desempenho bem estruturada ou melhorada, podem ser considerados os seguintes aspectos

b) Medidas baseadas no comportamento, normas absolutas e relativas combinadas, feedback contínuo, múltiplos avaliadores, classificação selectiva, formação de avaliadores, avaliações pelos pares, entrevista pós-avaliação e recompensas para avaliadores corretos.

### 2.2.4 Formação e desenvolvimento

O último elemento da função genérica da (GRH) é o desenvolvimento (ou seja, a formação). Todas as organizações precisam de ter pessoas bem formadas e experientes para realizar as actividades que têm de ser feitas. Se os actuais ou potenciais ocupantes de um posto de trabalho puderem satisfazer este requisito, a formação não é importante. Quando não é esse o caso, é necessário aumentar os níveis de competências e aumentar a versatilidade e a adaptabilidade dos trabalhadores.

É necessário referir aqui que o desenvolvimento dos trabalhadores não é apenas formação. Tem uma gama mais vasta de componentes que têm um impacto mais profundo num indivíduo do que a formação por si só, porque não é apenas o indivíduo que é afetado, mas a organização e o ambiente mais vasto em que a organização trabalha (Maund, 2001). Por conseguinte, a definição de desenvolvimento dos trabalhadores não é tão direta como pode parecer, porque se trata mais de uma atitude que inclui o conceito de crescimento, expansão, melhoria e educação.

Por conseguinte, a política de desenvolvimento do emprego deve exprimir o empenho da organização no desenvolvimento contínuo das competências e capacidades dos trabalhadores, a fim de maximizar o seu contributo e de lhes dar a oportunidade de melhorarem as suas competências e realizarem as suas potencialidades, progredirem nas suas carreiras e aumentarem a sua empregabilidade dentro e fora da organização (Armstrong, 1999). Como tal, as organizações que consideram o desenvolvimento dos trabalhadores como um elemento central da sua estratégia empresarial reconhecem que a maioria dos trabalhadores inicia as suas experiências de aprendizagem formal estudando qualquer coisa relacionada com o seu interesse pessoal, por exemplo, desporto ou passatempos, a que se segue rapidamente o desejo de aprender mais sobre o desenvolvimento orientado para a carreira. (Maund, 2001) A este respeito, as organizações que estão na vanguarda do desenvolvimento dos trabalhadores, por exemplo, a Ford, devolveram o seu orçamento para o desenvolvimento dos trabalhadores aos departamentos e/ou indivíduos, para que estes possam gerir o seu próprio desenvolvimento no âmbito da organização para a qual trabalham. Nesta situação, o gestor actua como um guia para o empregado e trabalha com ele individualmente, desafiando-o a utilizar os seus fundos para apoiar as suas decisões de carreira. Isto é normalmente feito através dos auspícios do sistema de avaliação do desempenho.

É de salientar que a literatura e as práticas contemporâneas adoptaram o termo desenvolvimento do desempenho para abranger o quadro de identificação, formulação e implementação das melhores políticas e práticas de gestão e desenvolvimento das pessoas. (Armstrong et al, 1999) Para que uma organização seja bem sucedida, tem de desenvolver os seus trabalhadores. Este desenvolvimento deve ser efectuado num quadro flexível que permita ao gestor comunicar eficazmente com o seu pessoal e, através deste, desenvolvê-lo e motivá-lo intrinsecamente. Por conseguinte, Armstrong e Baron (1999) afirmam que, do nosso ponto de vista, o desenvolvimento é o objetivo da gestão do desempenho. O desenvolvimento dos trabalhadores diz respeito a três conceitos específicos: aprendizagem, formação e educação, cada um dos quais tem o seu próprio significado e existe também uma inter-relação entre os três.

A formação é uma experiência de aprendizagem na medida em que procura uma mudança relativamente permanente num indivíduo que irá melhorar a sua capacidade de desempenho no trabalho. Embora a aprendizagem em si mesma não possa ser medida, é possível medir a mudança de atitudes e comportamentos que ocorre em resultado da aprendizagem, pelo que a forma como se aprende não tem qualquer valor. Ao longo dos anos, a investigação sobre a aprendizagem tem sido dominada por duas grandes teorias. Uma delas é o ponto de vista cognitivo. Os seus defensores defendem que o objetivo ou as intenções de um indivíduo orientam as suas acções (Locks, 1968)

A outra posição é a perspetiva ambiental, cujos defensores acreditam que o indivíduo é influenciado e que o seu comportamento é uma função das suas consequências externas (Skinner, 1971). Foi proposta uma abordagem mais recente que oculta ambas as teorias - a aprendizagem é uma interação contínua entre o indivíduo e o ambiente social específico em que ele ou ela funciona - assim, a teoria da inclinação social (Bandura), a teoria da aprendizagem social (Englewood, 1977). Esta teoria reconhece que podemos aprender observando o que acontece a outras pessoas e apenas por nos falarem de algo, bem como por experiência direta. Uma vez que grande parte da formação é de natureza observacional, esta teoria parece ter um potencial de aplicação considerável.

A investigação também indica que muito do que aprendemos provém da observação de modelos, como os pais, os professores, os colegas, os actores de cinema e televisão, os chefes, etc. Como tal, foram criados quatro processos para determinar as influências que um modelo teria sobre um indivíduo - processos de atenção, processos de retenção, processos de reprodução motora e processos de reforço (DeCenzo et al 2002). A teoria da aprendizagem social oferece-nos uma visão sobre o que um exercício de formação deve incluir. Especificamente, diz-nos que a formação deve fornecer um modelo; deve captar a atenção do formando, fornecer propriedades motivacionais; ajudar o formando a guardar o que aprendeu para utilizar mais tarde; e se a formação tiver tido lugar fora do local de trabalho, permitir ao formando alguma oportunidade de transferir o que foi aprendido para o local de trabalho.

De acordo com DeCenzo et al, (2002), os princípios da aprendizagem social dizem-nos que a formação deve fornecer ao formador um modelo a seguir, objectivos específicos a atingir, uma oportunidade para aperfeiçoar as competências, feedback sobre o progresso do formando e elogios pela transferência das competências adquiridas para o trabalho. Estas recomendações devem orientar o gestor de recursos humanos na conceção, implementação e funcionamento de qualquer ação de formação dos trabalhadores.

### 2.3 Manter a vantagem competitiva

Nesta fase, é evidente que a competência de base confere uma vantagem competitiva sobre os seus concorrentes - a sua exploração permite-lhe obter rendimentos anormais. No entanto, os rendimentos anormais atrairão os concorrentes e, se lhes for permitida a entrada no mercado, os concorrentes irão corroer o valor até que seja estabelecido um nível de rentabilidade que deixe de atrair novos participantes. É por esta razão que é útil que as competências sejam difíceis de iniciar pelos concorrentes. Consequentemente, uma vez estabelecida uma vantagem competitiva, a empresa deve, sempre que possível, tentar defendê-la contra novos operadores, criando barreiras à entrada (Neale et al, 2004).

De acordo com Austen (2000), existem três critérios que podem ajudar a avaliar se se desenvolveu uma vantagem competitiva sustentável.

a) O cliente deve ver uma diferença consistente entre o seu produto ou serviço e os dos seus concorrentes. Esta diferença deve ser óbvia para os seus clientes e deve influenciar a sua decisão de compra.

b) A vantagem competitiva da empresa deve ser difícil de imitar.

c) Os dois itens acima combinados devem ser actividades que podem ser constantemente melhoradas, cultivadas e trabalhadas para manter a vantagem sobre a concorrência.

Enquanto empresa, conhecer a sua vantagem competitiva e saber se é sustentável é muito importante porque o sucesso da empresa depende disso. Tal como Bill Gates afirma "se possuir o mercado, acabará por possuir os lucros", a vantagem competitiva sustentável é uma estratégia que fará com que o prestador de serviços possua o mercado.

Existe pouco consenso entre os investigadores sobre o termo "vantagem competitiva sustentada" (Day et al, 1998). No entanto, a vantagem competitiva pode ser conceptualizada como uma "posição no mercado" superior que capta o fornecimento de um valor superior ao cliente e/ou a obtenção de custos relativos mais baixos, o que resulta no domínio da quota de mercado e num desempenho financeiro superior (Hunt et al, 1995). Grande parte da investigação existente utiliza um desempenho financeiro superior ou "rendas" como indicador de vantagem competitiva (Aharoni, 1993; McGrath et al., 1996; Porter, 1995). Considera-se que a vantagem competitiva sustentada é simplesmente uma vantagem competitiva que dura um longo período de tempo (Jacobson, 1988; Porter, 1985). Estes pontos de vista, em particular os que defendem a utilização de indicadores financeiros, têm sido criticados na literatura recente (Barney, 1991; Day et al, 1988) e constatamos a necessidade de concetualizar este conceito através da incorporação de indicadores bem fundamentados e realistas de vantagem competitiva sustentada. Concordamos com (Day et al, 1988) que não descartam totalmente os indicadores financeiros da vantagem competitiva sustentada. Sugerem o reforço dos indicadores financeiros com uma importância abrangente para equilibrar os métodos de avaliação da vantagem "centrados na concorrência" e "centrados no cliente". Um dos principais métodos de medição "centrados na concorrência" consiste em avaliar as capacidades distintivas em que se baseiam as vantagens (Day et al, 1988).

A nossa concetualização deste conceito baseia-se no modelo de vantagem competitiva sustentada baseado nas capacidades (Hayes et al. 1996; Prahalad et al, 1990; Grant, 1991). Este modelo, em comparação com o modelo ambiental (Bain, 1956; Hill, 1988; Porter, 1985) e o modelo baseado em recursos (Barney, 1986; Dierickx et al, 1989; Lippman et al, 1982; Reed et al, 1990), fornece uma explicação satisfatória do processo de criação de valor e da prestação de serviços, atribuindo um papel proeminente à liderança estratégica da organização (Mahoney, 1995; Lado et al., 1992). A teoria baseada nas capacidades sugere que a sustentabilidade da vantagem depende da possibilidade de os concorrentes duplicarem (a) a estratégia competitiva da empresa e (b) as capacidades distintivas em que se basearam as vantagens.

Com base na discussão anterior, conceptualizamos o conceito de vantagem competitiva sustentada em termos de três critérios: (a) as vantagens de mercado obtidas pela empresa, (b) a possibilidade de os concorrentes duplicarem as inovações e (c) a possibilidade de os concorrentes duplicarem as capacidades distintivas em que se basearam as vantagens.

## 2.4 Vantagem competitiva através da função genérica

No que diz respeito à vantagem competitiva através dos trabalhadores, podem ser considerados dois modelos principais, nomeadamente: o modelo de posição ou ambiental e o modelo baseado nos recursos. No entanto, no contexto da vantagem competitiva através da função genérica, apenas o modelo baseado em recursos será relevante neste caso, uma vez que o primeiro se enquadra no segundo. A visão da empresa baseada em recursos está atualmente a ser tratada como uma teoria alternativa de estratégia à desenvolvida por (Porter, 1985). Em vez de se centrar no posicionamento no mercado do produto, defende que as empresas alcançam uma vantagem competitiva sustentável através do desenvolvimento de recursos, que acrescentam um valor único ou raro, que não pode ser facilmente copiado por outros. Os recursos de uma empresa podem ser convenientemente classificados em três categorias: recursos de capital físico, recursos de capital humano e recursos de capital organizacional. Dada a natureza da investigação, apenas é focado o recurso capital humano e, consequentemente, a vantagem competitiva através das funções genéricas da GRH.

O objetivo da gestão dos recursos humanos é visto como a otimização do valor dos recursos humanos. (Devanna et al, 1995) sugerem quatro "funções genéricas" de GRH, nomeadamente, seleção, avaliação, recompensas e desenvolvimento, que actuam como variáveis independentes, num ciclo de intervenções de recursos humanos sobre a variável dependente do desempenho. Nesta fase, considera-se a análise da vantagem competitiva através da função genérica de GRH e de algumas outras.

### 2.4.1 Seleção

A segurança no emprego e a dependência da força de trabalho para o sucesso competitivo significam que é preciso ter o cuidado de escolher as pessoas certas, da forma correta (Pfeffer, 1994). A seleção pode ser considerada como o principal mecanismo de reforço das capacidades da organização. O comportamento individual e a capacidade de aprendizagem podem otimizar a situação da organização no seu ambiente. O objetivo do programa de seleção é garantir que a empresa contrata apenas os indivíduos com as melhores capacidades. Assim, a empresa deve ser capaz de identificar os indivíduos com elevadas capacidades e deve também ser capaz de atrair e reter os candidatos considerados como tendo as melhores capacidades. Mas num mercado cada vez mais competitivo, pode ser quase tão difícil atrair o pessoal certo como atrair os clientes certos.

### 2.4.2 Avaliação do desempenho e gestão do desempenho

A avaliação do desempenho é definida como um processo através do qual uma organização mede e avalia o comportamento e as realizações de um trabalhador individual durante um período de tempo finito (Moen, 1989; Johnson, 1995). Medir, rever e avaliar o desempenho dos trabalhadores é, sem dúvida, uma das tarefas mais importantes para qualquer gestor, uma vez que as decisões críticas dependem da avaliação exacta do comportamento de um trabalhador.

Historicamente , as organizações tendem a desenvolver um instrumento de avaliação do desempenho e formulários administrados numa base anual. Embora os gestores tenham sido repetidamente informados de que a avaliação do desempenho deve ser mais do que um mero evento anual, nem sempre o fazem. Muitas vezes, os trabalhadores não são orientados e aconselhados ao longo do ano, pelo que, quando chega a altura da avaliação, não sabem o que esperar. Este facto só gera confusão e ressentimento (McAfee et al, 1993). A questão que se coloca é a de saber como é que a avaliação do desempenho pode ser feita de forma melhor e mais eficaz. A resposta pode estar na abordagem de gestão conhecida como gestão do desempenho. A gestão do desempenho tem três componentes básicas: planeamento, gestão e avaliação do desempenho.

O planeamento do desempenho é o processo de especificação de objectivos em conjunto pelos gestores e pelos trabalhadores, de identificação do nível de desempenho desejado (normas) e de planos de desenvolvimento para atingir o desempenho esperado. O planeamento do desempenho centra-se nos resultados individuais e ajuda o trabalhador a desenvolver estratégias e a assegurar os recursos necessários.

A segunda componente, a gestão do desempenho, é o processo diário de trabalhar para atingir as expectativas de desempenho estabelecidas na fase de planeamento. Os gestores e os trabalhadores analisam o desempenho periodicamente. Se tudo parecer estar a correr bem ou se os resultados estiverem a exceder as expectativas, os gestores utilizam o reforço positivo para manter níveis elevados de desempenho. Caso contrário, os gestores têm de orientar os trabalhadores sobre as formas de corrigir as deficiências. A componente final do processo de gestão do desempenho é a avaliação do desempenho. A avaliação do desempenho é uma oportunidade para analisar o desempenho do ano anterior, tal como acordado anteriormente entre a chefia e o trabalhador. De facto, se as duas primeiras componentes foram corretamente implementadas, esta não é assim tão crítica. Uma vez que o feedback tem sido contínuo, a avaliação é um documento objetivo e histórico que pode ser utilizado para desenvolver planos para o futuro e aumentar a motivação e a produtividade dos trabalhadores. A análise do desempenho passado fornece a base para o planeamento das expectativas para o próximo ano; ao mesmo tempo, fecha o ciclo do atual ciclo. Os empregados sabem o que se espera deles e o que devem fazer para o conseguir

### 2.4.3 Prémios

R s recompensas, tanto financeiras como outras, enviam uma mensagem poderosa aos trabalhadores de uma organização sobre o tipo de organização que a direção pretende criar e manter e sobre o tipo de comportamento e atitudes que a direção pretende dos seus trabalhadores. (Beer et al, 1988) Por conseguinte, a questão das recompensas não pode ser ignorada, pois criará uma "situação em que as expectativas ou o comportamento real de uma pessoa ou de um grupo, orientado para um objetivo, são bloqueados ou estão prestes a sê-lo" (Steers et al, 1994). De acordo com um relatório da American Compensation Associations, de agosto de 1996, "quando se trata de reforçar o comportamento da equipa, o sistema de recompensas é um dos instrumentos mais eficazes e influentes à disposição da organização" (IRS, 1996).

### 2.4.4 Desenvolvimento

O maior ativo de uma empresa são os seus empregados e, se o sucesso competitivo é alcançado através deles, então as competências desses empregados são fundamentais. Consequentemente, uma das implicações mais óbvias da mudança da base da vantagem competitiva é a importância crescente de ter uma força de trabalho com competências adequadas. O desenvolvimento das competências desses trabalhadores pode ser uma das suas maiores tarefas. Os actuais sistemas de gestão do conhecimento ajudam a empresa a formar, acompanhar, avaliar e desenvolver um grande recurso, o seu pessoal. Wright, et al, (1994) demonstraram que uma das práticas de recursos humanos para a vantagem competitiva é investir e continuar a investir no desenvolvimento de competências do seu capital humano. Para tal, é necessário administrar uma variedade de acções de formação destinadas a aumentar e manter as competências profissionais de cada indivíduo e a proporcionar-lhe oportunidades de desenvolvimento que alarguem a sua base de competências. Os gestores reconhecerão a necessidade de desenvolvimento e reciclagem quando compreenderem que os empregados são um ativo e não uma despesa e que o desenvolvimento é o núcleo para melhorar a vantagem competitiva (Scherkenbach, 1986).

## 2.5 Vantagem competitiva através da liderança

A força central de qualquer organização provém dos seus colaboradores. Desenvolvê-los e fortalecê-los conduzirá a uma base sólida para o futuro da organização. Como? Uma boa gestão de recursos humanos não acontece por acaso. É necessária uma liderança executiva forte para criar padrões positivos de relações de trabalho. O gestor deve continuar a desenvolver-se e a empenhar-se em ajudar os seus empregados a desenvolverem todo o seu potencial. Os trabalhadores dependem dos gestores e a organização depende deles para o seu sucesso. Muitos investigadores acreditam que, para as organizações manterem uma vantagem competitiva, devem concentrar-se em melhorar o desempenho através de um processo de aprendizagem contínua. Além disso, acreditam que a concentração em competências de liderança sólidas e eficazes a todos os níveis pode proporcionar o catalisador para motivar os indivíduos, as equipas e as redes humanas a atingirem um desempenho máximo (Jassim et al, 1998).

### 2.5.1 Requisitos dos gestores de topo

O gestor assume a responsabilidade de planear, monitorizar e controlar o desempenho da empresa. As primeiras tarefas habituais consistem em definir as metas e os objectivos, preparar um orçamento preliminar, programar e selecionar os membros do grupo, definir um programa de formação, se necessário, assegurar a disponibilidade dos fornecimentos necessários e, de um modo geral, tentar fazer tudo o que for necessário para maximizar o desempenho do grupo, a fim de manter a empresa em funcionamento. Para o efeito, o gestor deve possuir determinadas competências e caraterísticas.

### 2.5.2 Vantagem competitiva através das relações de trabalho

A relação de trabalho foi reconhecida como um processo de intercâmbio socioeconómico que envolve a mediação de diferentes interesses - o interesse do empregador em minimizar o custo do trabalho e o interesse do trabalhador em maximizar o preço do trabalho.

Assim, as relações de trabalho geram negociações que podem ser individuais ou colectivas e a mobilização do poder para proteger ou fazer avançar esses interesses. Aqui surge uma questão: como é que o poder pode ser mobilizado? Devemos começar por analisar: a relação de trabalho gera conflito ou cooperação. O conflito ocorre na relação de trabalho pelas seguintes razões: partilha dos rendimentos económicos, ou seja, o salário justo, despedimentos (segurança no emprego) e autoridade (poder).

A forma contemporânea da relação de trabalho tende a aumentar a participação e o envolvimento como forma de mediar e controlar esse conflito. Por um lado, a necessidade de assegurar a participação ativa e positiva da força de trabalho na prossecução dos objectivos da empresa, o que pode ser crítico quando a qualidade do produto ou serviço depende diretamente do desempenho dos trabalhadores. Isto implica tratar os trabalhadores com respeito, recompensando-os de forma justa ou mesmo generosa e, talvez, procurando suscitar responsabilidade e confiança. Por outro lado, existe a necessidade de controlar o comportamento no trabalho à luz das realidades económicas da concorrência e da motivação do lucro. Isto implica tratar o trabalhador como um recurso económico a tornar o mais eficiente possível do ponto de vista económico: na prática, isto pode exigir a extração de produtividade adicional sem custos adicionais, a minimização de salários e recompensas e a declaração de despedimentos (Keenoy, 1992). Como observa Hyman (1987) sobre esta contradição, "os empregadores exigem que os trabalhadores sejam simultaneamente fiáveis e descartáveis". A cooperação pode ser introduzida na organização através da manutenção do empenhamento, de um sistema de recompensas justo e da motivação, e os trabalhadores devem ter voz ativa na gestão e devem ter mais poder de decisão sobre as condições de trabalho.

# CAPÍTULO TRÊS

# METODOLOGIA

## 3.0 Introdução

Este capítulo aborda o método, a técnica e os processos utilizados na recolha de dados, bem como a sua análise. Embora várias teorias e conceitos tenham sido utilizados para explicar como a vantagem competitiva pode ser construída através do trabalhador, este trabalho é único no sentido em que estas teorias são utilizadas para testar a sua validade na organização. Como tal, a metodologia que descreve a filosofia da investigação, a abordagem da estratégia de investigação e a justificação da abordagem, os métodos de recolha de dados e a análise dos dados são tratados nas secções seguintes.

## 3.1 A amostra

O investigador realizou o estudo em Kumasi, na região de Ashanti, que é uma das regiões administrativas do Gana. A escolha foi deliberada, uma vez que permite uma representação adequada da mistura sociodemográfica desejada da população. Tem a maior população das dez regiões do Gana, com dezoito (18) distritos. Foram selecionados dez hotéis, de três estrelas a económicos. A seleção foi feita através do método de amostragem aleatória estratificada. Foi utilizada uma amostragem aleatória simples para selecionar os trabalhadores e cada trabalhador teve a mesma oportunidade de ser entrevistado.

## 3.2 Abordagem da estratégia de investigação

O método que parece adequar-se melhor a esta situação é o método ou estratégia de inquérito. De acordo com (Saunders et al, 2007), a estratégia de inquérito está normalmente associada à abordagem dedutiva. É uma estratégia popular e comum na investigação empresarial e de gestão e é mais frequentemente utilizada para responder a perguntas do tipo "quem", "o quê", "onde", "quanto" e "quantos". Por conseguinte, tende a ser utilizada para a investigação exploratória e descritiva.

O inquérito pode ser utilizado como uma técnica de recolha de dados primários (Cooper et al, 2001). De uma outra perspetiva, Lewis et al, (2007) defende que os inquéritos são populares porque permitem a recolha de uma grande quantidade de dados de uma população considerável de uma forma altamente económica e são frequentemente obtidos através de um questionário administrado a uma amostra. Produz dados normalizados e permite uma comparação fácil.

A justificação para esta abordagem reside no facto de que, para examinar uma teoria, seriam feitas as perguntas quem, o quê, onde, quanto e quantos. A estratégia de inquérito é a melhor para a abordagem dedutiva da investigação, o que não só justifica a adoção desta estratégia, como também, tal como salientado por Saunders (2007), a estratégia de inquérito é pouco dispendiosa, rápida, considerada pelas pessoas como sendo fidedigna e comparativamente fácil de explicar e compreender.

### 3.3 Método de recolha de dados

O método utilizado é essencialmente qualitativo. No entanto, uma pequena parte foi tratada quantitativamente através da utilização do modelo de pontuação. O método qualitativo de recolha de dados, na opinião de Maasen (1983) citado por Hussey (1997), é descrito como "uma série de técnicas interpretativas que procuram decidir, descodificar, traduzir e, de outro modo, chegar a um acordo sobre o significado, e não sobre a frequência, de certos fenómenos mais ou menos naturais que ocorrem no mundo social". Por conseguinte, reagindo a isto, Hussey et al (1997) afirmaram que, se estiver a recolher dados sobre o significado de um fenómeno, obterá dados qualitativos.

Deduzindo do que precede, pode dizer-se com certeza que a investigação começou com a recolha de dados qualitativos, o que facilitou uma revisão da literatura anterior sobre o assunto, utilizando livros publicados, jornais académicos, revistas e jornais. Foram utilizadas bases de dados para efetuar uma pesquisa exaustiva sobre o assunto. Foram obtidas informações significativas na base de dados do Google e em livros sobre o assunto. Isto permitiu ao investigador apreciar o problema e definir as principais questões de pesquisa e os objectivos do estudo. Além disso, Cohen et al (1997) descreveram as caraterísticas da investigação qualitativa como uma investigação sobre a qualidade das situações, tal como esta investigação pretende fazer.

A utilização do método quantitativo surge quando a frequência do fenómeno é necessária para uma explicação eficaz. Os dados quantitativos são de natureza numérica, pelo que foi utilizado o modelo de pontuação citado por Jassim (1998). Foram administrados questionários à gestão de topo e foram utilizadas entrevistas informais à gestão e ao pessoal sénior, o que permitiu levantar as questões de forma conversacional. A técnica combinada serviu o objetivo do desenho da investigação.

### 3.4 Método de análise dos dados

Os dados foram analisados qualitativa e quantitativamente. A análise qualitativa foi efectuada através da aplicação ao estudo de conceitos teóricos sobre o tema em análise, encontrados na revisão da literatura. Os dados foram analisados quantitativamente através da utilização de técnicas estatísticas, tais como diagramas de barras ou gráficos para facilitar a compreensão, e também através do modelo de pontuação.

Foram utilizados quadros e gráficos de barras para apoiar a análise descritiva de quaisquer dados, que, do ponto de vista de Saunders et al (2003), não tem, de facto, um procedimento bem definido. Contudo, dependendo do investigador, Tesch (1990) afirmou que a análise pode ser efectuada em quatro categorias principais, nomeadamente

a) Compreender as caraterísticas da língua,

b) descoberta de regularidades

c) Compreender o significado do texto ou da ação; e

d) Reflexão

Saunders et al (2003), reagindo ao trabalho de Tesch (1990), salienta claramente que uma caraterística particular que é comum às estratégias de análise de dados qualitativos envolve o investigador na desagregação da massa dos dados qualitativos que são recolhidos, uma vez que ajuda o investigador a;

a) Compreender e gerir os dados

b) Integrar dados reflectidos provenientes de diferentes empresas

c) Identificar os principais temas e padrões para posterior exploração;

d) Tirar e verificar conclusões

O investigador, ao utilizar esta abordagem, aplicou os conceitos teóricos subjacentes à vantagem competitiva e às funções genéricas dos recursos humanos no capítulo (2) ao resultado da análise qualitativa do estudo. Desta forma, a compreensão do carácter prático do tema em análise deve ser facilitada (Day, (1993); Miles et al, (1994): citado por Saunders et al, (2003).

# CAPÍTULO QUATRO

# APRESENTAÇÃO, ANÁLISE E DISCUSSÃO DOS DADOS

## 4.0 Introdução

Como forma de examinar a vantagem competitiva no sector da hotelaria com recurso ao trabalhador, e para ver como a função genérica da gestão de recursos humanos está a ser praticada no sector em Kumasi, o investigador escolheu dez hotéis em Kumasi com diversas classificações de estrelas. Foram recolhidos dados primários através de um questionário e de entrevistas. Esta secção do estudo revela a apresentação dos dados recolhidos, analisa os dados apresentados e discute as conclusões. A apresentação dos dados recolhidos torna-se mais significativa através da utilização de tabelas e de técnicas gráficas que facilitam a análise dos resultados e das conclusões.

## 4.1 Questionário, inquiridos e dados procurados

Foram selecionados dez hotéis de diferentes classificações de estrelas em Kumasi. O número inicial de inquiridos era de cem, mas percebeu-se que, na maioria dos hotéis, uma pessoa podia desempenhar vários papéis, pelo que o número de inquiridos diminuiu consideravelmente. Foram pré-testados e aplicados 50 questionários. Foram entrevistados dois funcionários de cada um dos dez hotéis.

**Quadro 4.1 Categorias e número de inquiridos**

| | Interview | Questionnaire | TOTAL | Percentage |
|---|---|---|---|---|
| Targeted respondents | 20 | 80 | 100 | 100 |
| Respondents reached | 20 | 50 | 70 | 100 |
| Responses received | 20 | 40 | 60 | 85.7 |

Fonte: Trabalho de campo do investigador

Foi recebido um total de quarenta questionários, o que representa 80% do questionário enviado. Foram entrevistados dois funcionários em cada um dos hotéis e, com isso, aproveitou-se a oportunidade para obter mais explicações sobre respostas pouco claras recebidas em relação a determinados questionários.

**Quadro 4.2 Questionário enviado e recebido**

| HOTEL | Sent out Questionnaire | Questionnaire received | Interview | TOTAL |
|---|---|---|---|---|
| Golden Tulip | 10 | 10 | 2 | 12 |
| Milkin | 5 | 4 | 2 | 6 |
| Georgia | 5 | 4 | 2 | 6 |
| Rexma | 5 | 5 | 2 | 7 |
| Treasure Land | 5 | 5 | 2 | 7 |
| New Orleans | 5 | 4 | 2 | 6 |
| Stadium Hotel | 5 | 2 | 2 | 4 |
| McKeown | 2 | 2 | 2 | 4 |
| Lizzy Hotel | 3 | 2 | 2 | 4 |
| Sports Hotel | 5 | 2 | 2 | 4 |
| TOTAL | 50 | 40 | 20 | 60 |

Fonte: Trabalho de campo do investigador

Houve pelo menos duas respostas de cada um dos 10 hotéis e todos os inquiridos estão há mais de 6 meses na empresa. Com a exceção do Golden Tulip, o único hotel de 4 estrelas em Kumasi , o número total de gestores não ultrapassava os cinco, com um mínimo de dois em alguns dos hotéis de 2 estrelas.

## 4.2 Dados recolhidos nos hotéis de uma só estrela

Foram recebidos quatro (4) questionários de um total de oito. Os dois hotéis existem há menos de 5 anos. 2 dos inquiridos indicaram que se saem bem na venda de alojamento e os outros 2 disseram que são bons na preparação de alimentos. Todos os inquiridos, que representam os dois hotéis, indicaram que têm vantagens competitivas em termos de custos e de concentração de custos, respetivamente. 2 dos inquiridos afirmaram que a vantagem competitiva pode ser imitada e os outros 2 afirmaram que a sua é imutável. A sua imutabilidade deve-se ao facto de desenvolverem os seus produtos e serviços com frequência, de tal forma que seria difícil alcançá-los. Todos os quatro (4) afirmaram que a vantagem competitiva é sustentável, mas a entrevista efectuada revelou que a estratégia de inovação não é bem utilizada, como indicado.

Três (75%) dos inquiridos admitiram que não selecionam os trabalhadores certos, mas que selecionam e formam. Os restantes um (25%) indicaram que selecionam os trabalhadores certos e também os formam. Explicaram o tipo de problemas que têm no seu processo de seleção como a dificuldade em obter o trabalhador com as qualidades que esperam. Dois

(50%) indicaram que não dispõem de qualquer método de avaliação do desempenho, mas a entrevista revelou que utilizam a observação. Dois (2) dos inquiridos revelaram que utilizam a observação e que esta é muito útil. Quando lhes foi pedido que indicassem os problemas com que se deparam no seu método de avaliação, disseram que não se deparam com qualquer problema. A entrevista revelou que a taxa de rotação é muito elevada nestas empresas.

Três itens (19, 20 e 21) procuravam identificar o tipo de recompensas ou incentivos que são dados aos trabalhadores. As respostas de 2 inquiridos revelaram que os trabalhadores recebem subsídios ou bónus no final do ano. Os restantes dois indicaram que não dispunham de um sistema deste tipo.

Os itens (22, 23, 24 e 25) perguntavam aos gestores sobre os programas de formação que têm em vigor, o tipo e os benefícios que deles retiram. Todos os inquiridos admitiram ter um programa de formação em vigor sob a forma de estágio e admitiram que é benéfico porque os trabalhadores são capazes de trabalhar após algumas semanas de formação.

## 4.3 Apresentação de dados de hotéis de duas estrelas

No total, foram recebidas treze (13) respostas de quatro hotéis de 2 estrelas selecionados. 50% dos quatro (4) selecionados existem há menos de cinco (5) anos, 1 (25%) há mais de dez (10) anos e menos de vinte (20) anos e o restante 1 (25%) há mais de vinte (20) anos. Esta situação é representada graficamente no verso:

**Figura 4.1 Número de anos de funcionamento dos hotéis de 2 estrelas contactados em Kumasi**

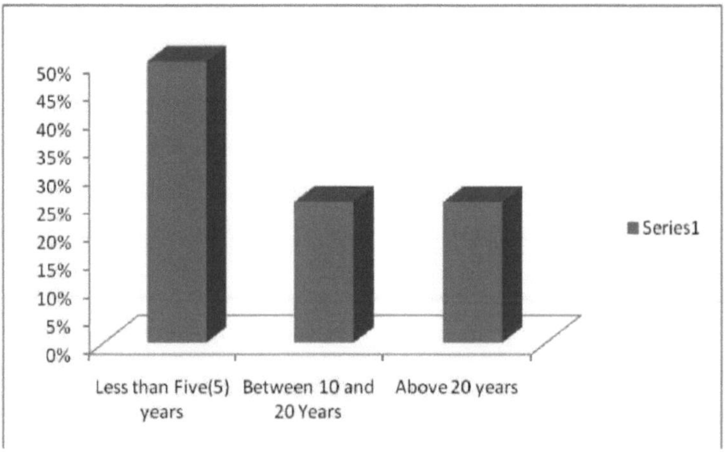


Fonte: Trabalho de campo do investigador

Em resposta aos itens (2, 3, 4... 7) do questionário, que procuravam identificar a vantagem competitiva da empresa e a sua sustentabilidade, 5 (39%) indicaram que são os melhores na venda de alojamento, quatro (31%) disseram que são os melhores na oferta de serviços em geral, um (1), representando 8%, admitiu que são os melhores na preparação de alimentos e três (23%) disseram que são excelentes no serviço de limpeza. Dez (77%) indicaram que as suas competências únicas e o seu foco são o excelente atendimento ao cliente, dois (15,4%) disseram que o seu foco é o custo moderado do quarto e o restante um (8%) disse que é excelente na confeção de um prato específico.

Seis (6) das 13 empresas (46%) afirmaram que a sua vantagem competitiva é a diferenciação, 6 (46%) afirmaram que utilizam a estratégia de custos e uma (8%) afirmou que a estratégia de focalização é a que utilizam. Sete (7) das 13 empresas (54%) admitiram que a sua vantagem competitiva não é sustentável porque não é difícil de imitar pelos concorrentes. Seis (46%) afirmaram que é sustentável e, portanto, difícil de ser imitada pelos concorrentes.

Em resposta aos itens (8-11), que procuravam saber o modo de processo de seleção utilizado, 10 (77%) confessaram que não selecionam o empregado certo e que, embora utilizem o método de entrevista, selecionam candidatos inteligentes e bem preparados e depois treinam-nos para se adaptarem ao sistema. Quando lhes foi pedido que indicassem os problemas que

No que diz respeito ao processo de seleção, algumas das respostas foram que têm um grande número de pessoal qualificado por onde escolher, outras disseram que alguns dos candidatos são qualificados mas não têm qualificações e outros têm qualificações mas não têm competências.

As respostas aos itens (13-18), que são utilizados para identificar o método de avaliação do desempenho, revelaram que 8 (62%) têm um método de avaliação, enquanto 5 (39%) não têm qualquer método de avaliação. Dos 8 (62%) que têm método de avaliação, 5 (38%) disseram que avaliam os seus trabalhadores anualmente, 7 (57%) disseram semestralmente e um disse trimestralmente. Todos os inquiridos disseram que o método utilizado para a avaliação é a observação. Dos 8 que afirmaram ter um método de avaliação, apenas 4 afirmaram que o método de avaliação é muito útil, 3 indicaram ser bastante útil e um afirmou não ser útil. Este facto é ilustrado graficamente no verso.

**Fig.4.2 Utilidade dos métodos de avaliação utilizados pelos hotéis de 2 estrelas em Kumasi**

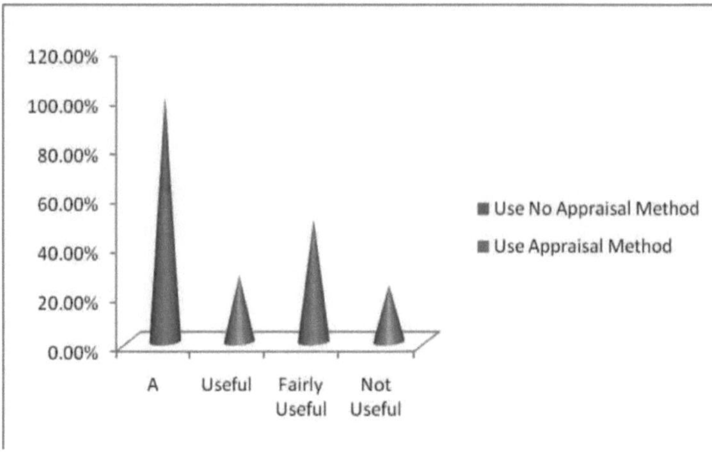


Fonte: Trabalho de campo do investigador

Os itens (19-21) foram utilizados para obter a opinião dos inquiridos sobre a forma como os trabalhadores são motivados. 10 (77%) indicaram que dispõem de um sistema de recompensas e que este é motivador. Cinco (38%) indicaram que utilizam subsídios e outros cinco (5) 38% indicaram que utilizam o bónus de fim de ano para recompensar o melhor empregado.

Em resposta aos itens (22-25) do questionário, que perguntavam aos inquiridos sobre o tipo de programa de formação que a sua empresa tem e qual o benefício do mesmo Na empresa, todos os treze inquiridos indicaram que têm um programa de formação em vigor e que este é benéfico para a empresa. Dez (10) dos treze inquiridos (71%) indicaram que utilizam a formação no local de trabalho e três (23%) disseram que utilizam o estágio. Todos os treze admitiram que é benéfico para a empresa. Algumas das respostas ao tipo de benefício são que dá muita confiança ao pessoal e fá-lo trabalhar com pouca supervisão. Ajuda o trabalhador a desempenhar as suas funções e contribui para aumentar a produtividade. Os trabalhadores tendem a ter as competências necessárias para facilitar o trabalho.

## 4.4 Apresentação de dados de hotéis de 3 estrelas

Foram selecionados quatro hotéis para representar os hotéis de três estrelas em Kumasi. Metade destes hotéis existe há mais de dez (10) anos. Na metade restante, um tem mais de dez (10) anos mas menos de vinte anos de existência, enquanto o outro tem mais de vinte anos de existência.

Dos treze inquiridos contactados no âmbito desta Estrela, 4 (31%) afirmaram que servem melhor o alojamento, 5 (39%) indicaram que são excelentes na prestação de serviços, 1 (8%) indicou que são melhores na preparação de alimentos, enquanto os restantes 3 (23%) destacaram que são excelentes na limpeza.

**Fig.4.3 Percentagem de hotéis de 3 estrelas e o serviço que melhor prestam**

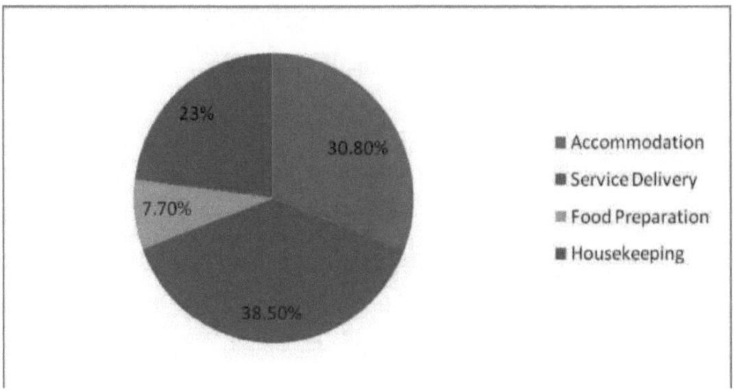


Fonte: Trabalho de campo do investigador

Embora todos os inquiridos tenham afirmado ter vantagens competitivas, a estratégia utilizada por 3 (23%) é a diferenciação, enquanto os restantes 10 (77%) utilizam a focalização nos custos e os custos em geral. Três (23%) inquiridos afirmaram que a sua estratégia de diferenciação não é sustentável porque não é imutável. Mas no caso dos 10 (77%), a maioria dos inquiridos salientou que as suas estratégias de focalização nos custos e de custos em geral são imutáveis e que não são assim tão sustentáveis. A imutabilidade da estratégia de diferenciação deve-se à singularidade do design do edifício, que garante uma fácil identificação e uma bela arte da prestação do serviço. No entanto, verificou-se que a mutabilidade das estratégias de focalização nos custos e de custos em geral, que os 10 (77%) indicaram, se deve ao facto de a redução dos custos não ser feita através da melhoria da qualidade.

Havia três itens que procuravam identificar a eficácia do processo ou método de seleção utilizado. Doze (92%) indicaram que selecionam os trabalhadores certos, o que implica que 1 (8%) não seleciona as pessoas certas. Também foi revelado que a maioria das empresas utiliza testes práticos e entrevistas. Poucos inquiridos indicaram que se deparam com alguns problemas com estes métodos. No que diz respeito à avaliação do desempenho, 7 (54%) dos inquiridos afirmaram ter um método de avaliação em vigor, mas 6 (46%) afirmaram não ter qualquer método de avaliação formal. O preenchimento de formulários, a observação e o teste prático são os métodos de avaliação mais utilizados pelos hotéis desta categoria de estrelas.

## 4.5 Apresentação dos dados dos hotéis de 4 estrelas

O único hotel de 4 estrelas em Kumasi, o Golden Tulip, existe há apenas seis meses; no entanto, uma vez que se trata de um franchising do hotel-mãe em Arab e de uma empresa irmã do Golden Tulip Accra, tudo é gerido da mesma forma. Foram dez os inquiridos dos vários departamentos.

Em resposta à sua vantagem competitiva e à sua sustentabilidade, indicaram que se trata de uma diferenciação que utiliza a marca da sua empresa-mãe. Todos os dez concordaram que a sua vantagem competitiva é muito difícil de imitar, porque se certificam de que tudo é de nível internacional. Admitiram que a marca faz parte de uma grande cadeia de hotéis de nível internacional que efectua as suas operações de uma forma única, pelo que não pode ser imitada.

Quanto à questão de saber se selecionam o empregado certo, todos os dez (10) responderam que sim e que recorrem a entrevistas e a testes práticos ou de competências. Contratam pessoal experiente e dão-lhes formação adequada à marca.

Quanto à questão de saber se encontram problemas no seu processo de seleção, responderam afirmativamente e disseram que o problema é o elevado nível de material de hospitalidade não qualificado na região de Ashanti, o que os obriga a deslocarem-se a Accra para selecionar os seus empregados.

Todos os dez inquiridos concordaram que dispõem de um método eficaz de avaliação do desempenho e que o preenchimento de formulários pelo trabalhador, a observação pelos supervisores e o teste prático são os métodos utilizados para avaliar o desempenho do trabalhador. Os inquiridos indicaram que os métodos de avaliação do desempenho são muito úteis.

Em resposta ao item (19 - 21) que procurava saber como é que os trabalhadores são motivados para aumentar ou melhorar a produtividade, todos os dez inquiridos afirmaram que dispõem de um sistema de recompensas eficaz e que este é motivador. Têm bónus e pacotes mensais e anuais ou anuais. O melhor empregado do mês recebe um pacote, assim como o melhor empregado do ano. Os inquiridos indicaram que a empresa tem um programa de formação no local de trabalho e também através de estágios. A empresa procura empregados profissionais, competentes e polivalentes, pelo que emprega um formador especializado.

## 4.6 Apresentação dos dados das entrevistas efectuadas nos 10 hotéis

Os dados da entrevista são apresentados utilizando o modelo de pontuação. Ao utilizar os cálculos do modelo de pontuação, é escolhido um critério. De seguida, cada critério é categorizado. São calculados o limite superior de controlo e o limite inferior de controlo multiplicado por cada pontuação em cada critério. Os quadros que se seguem mostram-no.

**Quadro 4.3 Critérios de seleção**

| | | |
|---|---|---|
| Creativity and innovation | 3 | (0.200) |
| Rate of absenteeism | 2 | (0.133) |
| Competencies and skills | 1 | (0.067) |
| Rate of discipline incidents | 5 | (0.333) |
| Qualifications | 4 | (0.267) |

Fonte: Trabalho de campo do investigador

Dois empregados dos dez hotéis foram ajudados pelo investigador a escolher entre os critérios de ponderação 1-4 de cada categoria. Em seguida, cada pontuação é multiplicada pelo peso do critério e o resultado é introduzido na caixa adequada (peso), como indicado no verso;

**Quadro 4.4 Categorias de critérios de seleção**

| | Creativity of absenteeism | Rate of absenteeism | Competences skill | Rate of discipline | Qualification | |
|---|---|---|---|---|---|---|
| | 0.200 | 0.133 | 0.067 | 0.333 | 0.267 | Weight |
| G T | 1 (0.2) | 1 (0.133) | 1 (0.016) | 2 (0.666) | 1 (0.267) | 1.333 |
| Miklin | 2 (0.4) | 2 (0.266) | 2 (0.134) | 2 (0.666) | 1 (0.267) | 1.733 |
| Georgia | 2 (0.4) | 2 (0.266) | 2 (0.134) | 3 (0.999) | 1 (0.267) | 2.066 |
| Rexma | 1 (0.2) | 2 (0.266) | 2 (0.134) | 2 (0.666) | 1 (0.267) | 1.533 |
| T. L | 2 (0.4) | 2 (0.266) | 2 (0.134) | 3 (0.999) | 1 (0.267) | 2.066 |
| Mckeown | 2 (0.4) | 2 (0.266) | 2 (0.134) | 3 (0.999) | 3 (0.801) | 2.6 |
| New Oleans | 2 (0.4) | 2 (0.266) | 2 (0.134) | 2 (0.666) | 1 (0.267) | 1.733 |
| Stadium Hotel | 2 (0.4) | 2 (0.266) | 2 (0.134) | 3 (0.999) | 3 (0.801) | 2.6 |
| Lizzy Hotel | 3 (0.6) | 2 (0.266) | 2 (0.134) | 3 (0.999) | 3 (0.801) | 2.8 |
| Sports Hotel | 2 (0.4) | 2 (0.266) | 2 (0.134) | 3 (0.999) | 3 (0.801) | 2.6 |

Fonte: Trabalho de campo do investigador

O hotel Golden Tulip teve o menor valor de ponderação, indicando a utilização eficaz dos critérios de seleção. Logo a seguir vem o Rexma, um hotel de três estrelas que teve o segundo menor valor, o que implica que os critérios de seleção são utilizados de forma eficaz. Entre os hotéis de 2 estrelas, o New Orleans tem o valor mais baixo, o que significa que está a ter um bom desempenho na utilização dos critérios de seleção. Os restantes têm um valor superior a dois, o que indica que são medianamente eficazes na utilização dos critérios de seleção e que precisam de ser melhorados.

### 4.6.1 Desempenho, recompensa e desenvolvimento

Os procedimentos utilizados para a seleção foram igualmente utilizados para a avaliação do desempenho, das recompensas e do desenvolvimento. Só que foram utilizados critérios e ponderações diferentes e foram calculados o limite superior de controlo (UCL) e os limites inferiores de controlo (LCL). A razão para calcular o UCL é calcular o peso do desempenho de um trabalhador da empresa; a pontuação é multiplicada pelo peso do critério, como se mostra no quadro seguinte;

**Quadro 4.5 Critérios e ponderação utilizados**

| CRITERIA | WEIGHT |
|---|---|
| Commitment | 0.0950 |
| Productivity | 0.475 |
| Mistake | 0.2380 |
| Creativity and Innovation | 0.1430 |
| Rate of Discipline | 0.1905 |
| Rate of Absenteeism | 0.2860 |

**Fonte:** Modelo de pontuação de: Jassim (1998)

**Quadro 4.6 Cálculo da taxa de desempenho, de recompensa e de desenvolvimento para cada hotel**

| Hotel | Commitm ent | Productivity | Mistakes | Creativity & Innovation | Rate of Discipline Incident | Rate of Absenteei sm | |
|---|---|---|---|---|---|---|---|
| | 0.0950 | 0.0475 | 0.2380 | 0.1430 | 0.1905 | 0.2860 | Weights |
| Golden Tulip | 1 (0.0950) | 2 (0.095) | 2 (0.476) | 1 (0.1430) | 2 (0.381) | 2 (0.572) | 1.762 |
| Milkin | 2 (0.19) | 2 (0.095) | 2 (0.476) | 2 (0.286) | 2 (0.381) | 2 (0.572) | 2.000 |
| Georgia | 2 (0.19) | 2 (0.095) | 2 (0.476) | 1 (0.1430) | 2 (0.381 | 3 (0.858) | 2.143 |
| Rexma | 1(0.095) | 2 (0.095) | 2 (0.476) | 2 (0.286) | 2 (0.381 | 2 (0.572) | 1.905 |
| Treasure Land | 2 (0.19) | 2 (0.095) | 2 (0.476) | 2 (0.286) | 2 (0.381 | 3 (0.858) | 2.286 |
| New Orleans | 2 (0.19) | 2 (0.095) | 2 (0.476) | 2 (0.286) | 2 (0.381 | 3 (0.858) | 2.286 |
| Stadium Hotel | 3 (0.285) | 2 (0.095) | 2 (0.476) | 2 (0.286) | 3(0.5715) | 3 (0.858) | 2.4765 |
| McKeown | 3 (0.285) | 2 (0.095) | 2 (0.476) | 2 (0.286) | 3(0.5715) | 3 (0.858) | 2.7795 |
| Lizzy Hotel | 3 (0.285) | 2 (0.095) | 2 (0.476) | 2 (0.286) | 3(0.5715) | 3 (0.858) | 2.7795 |
| Sports Hotel | 1 (0.950) | 2 (0.095) | 2 (0.476) | 2 (0.286) | 2 (0.381) | 2 (0.572) | 2.143 |

Fonte: Trabalho de campo do investigador

**Quadro 4.7 Cálculo do limite inferior de controlo**

| LCL (Lower Control Limit) | Lowest Score x Criteria Weight |
|---|---|
| Commitment | 1 x 0.950 |
| Productivity | 1 x 0.0475 |
| Mistakes | 1 x 0.2380 |
| Creativity and Innovation | 1 x 0.1430 |
| Rate of Absenteeism | 1 x 0.1905 |
| Rate of discipline incidents | 1 x 0.2860 |
| TOTAL | 1.0 |

Fonte: Trabalho de campo do investigador

**Quadro 4.8 Cálculo do limite superior de controlo**

| UCL (Upper Control Limit) | Highest Score X Criteria Weight |
|---|---|
| Commitment | 4 x 0.950 = 0.3800 |
| Productivity | 3 x 0.0475 = 0.1425 |
| Mistakes | 4 x 0.2380 = 0.9520 |
| Creativity and Innovation | 4 x 0.1430 = 0.5720 |
| Rate of Absenteeism | 4 x 0.1950 = 1.7620 |
| Rate of discipline incidents | 4 x 0.0860 = 1.1440 |
| TOTAL | 3.953 |

Fonte: Trabalho de campo do investigador

O hotel Golden Tulip, o único hotel de quatro estrelas em Kumasi, registou o valor ponderado mais baixo, o que significa que possui o sistema de desempenho, recompensa e desenvolvimento mais eficaz. Segue-se o Rexma, que se aproxima e também está na zona de recompensa. Isto indica que os seus sistemas de recompensa, avaliação do desempenho e desenvolvimento são mais eficazes do que os dos restantes hotéis. Uma vez que todos os restantes hotéis excedem o valor ponderado 2, todos eles se situam na zona média. A implicação é que os seus sistemas de recompensa, de avaliação do desempenho e de desenvolvimento são menos eficazes. Isto é mostrado no verso:

**Fig 4.4 A relação entre os hotéis e os critérios de desempenho.**

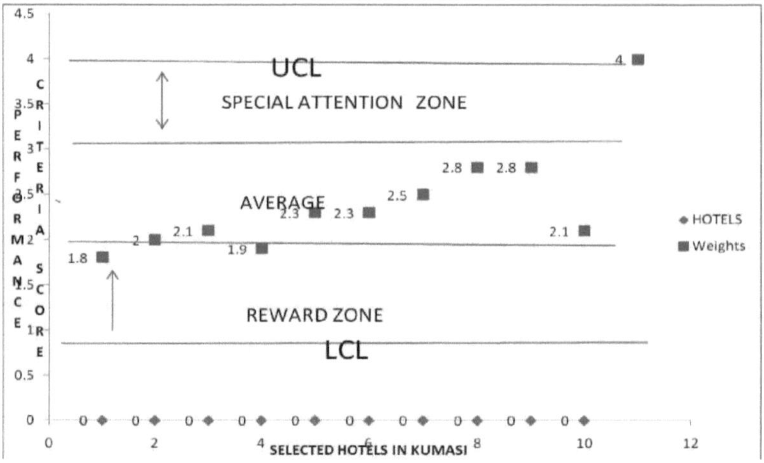


Fonte: Trabalho de campo do investigador

## 4.6 Discussão dos resultados

### 4.7.1 A natureza da vantagem competitiva dos hotéis em Kumasi

Pode deduzir-se dos resultados que a vantagem competitiva dos hotéis de 1 a 3 estrelas reside principalmente na estratégia de focalização nos custos e na estratégia de custos em geral. Isto indica que a maior parte dos hotéis que não atingiram a classificação de 4 estrelas estão orientados para a liderança de custos. Mas, no âmbito da liderança em termos de custos, uma competência essencial é suscetível de permitir a uma empresa produzir um produto ou serviço a um custo inferior ao dos seus concorrentes (Neale et al, 2004). No entanto, os hotéis contactados nos níveis de 1 a 3 estrelas não dispõem de competências essenciais específicas que lhes permitam atingir esta estratégia de liderança de custos. Mesmo os hotéis que estão a dar o seu melhor para alcançar a estratégia de liderança em termos de custos apenas recrutam mão de obra de baixo calibre com pouca formação, como se reflecte no resultado dos critérios de seleção e do módulo de recompensa, desempenho e desenvolvimento.

O investigador concorda com Forte (1982) em que isto pode não ser eficaz porque a hotelaria é uma empresa de serviços e, como o serviço é inseparável do prestador de serviços, recrutar e desenvolver o calibre certo de pessoal é vital para a vantagem competitiva. Alguém pode ser tentado a dizer que, ao empregar mão de obra de baixo calibre e com pouca formação, o custo do serviço pode ser minimizado, alcançando assim a liderança em termos de custos se o custo for o mais baixo do sector. Isto pode não ser verdade, uma vez que a eficácia da estratégia de liderança em termos de custos depende da eficiência e da eficácia da redução de custos e da sensibilidade do mercado-alvo aos preços (Johnson et al, 2004).

É necessário salientar aqui que, embora a maioria dos hotéis tenha indicado que emprega o pessoal qualificado adequado, a entrevista presencial não o confirmou devido à elevada rotação de mão de obra que a indústria (sector de Kumasi) regista. Para o investigador, concordando com Maund (2001), o pessoal adequado é o pessoal com boa formação que a empresa pode reter durante um período relativamente necessário. Neste sentido, se a rotatividade da mão de obra for elevada, os custos de seleção e formação serão gastos de forma ineficaz. Isto significa que uma mera redução dos custos para o nível mais baixo de um sector não garante a liderança em termos de custos.

No que respeita à eficiência e eficácia da redução de custos, podemos pensar nas curvas de experiência e nos benefícios das economias de escala, tal como discutido por William et al,

(1999). Mesmo assim, o investigador apercebeu-se de que alguns dos hotéis de 2 e 3 estrelas estão em funcionamento há bastante tempo, mas que os benefícios da curva de experiência e das economias de escala não estão a ser aproveitados por estes hotéis devido ao problema da rotação da mão de obra. No sector dos serviços, o processo de entrega é muito importante, porque quanto maior for a velocidade do processo, menor será o custo, uma vez que podem ser servidos mais clientes. Também aqui a experiência ou a eficácia do pessoal é muito importante, na medida em que o prestador de serviços (pessoal) desempenha um papel mais importante no processo de prestação de serviços. Por conseguinte, pode afirmar-se aqui que a seleção e o desenvolvimento do pessoal adequado podem ajudar os hotéis de Kumasi a melhorar a sua tentativa de alcançar uma estratégia de liderança de custos.

Não obstante, o investigador constatou que poucos hotéis utilizam a diferenciação como estratégia competitiva. Mas os mais bem sucedidos foram os hotéis de classe alta (ou seja, os de 3 e 4 estrelas) devido à sua competência central única, que é difícil de imitar. Este facto corrobora a afirmação de que as estratégias de diferenciação mais apelativas são as menos sujeitas a uma imitação rápida ou barata (Thompson et al, 1993). Descobriu-se que a estratégia de diferenciação da marca é o tipo de diferenciação mais bem sucedido e que as empresas que utilizam esta estratégia desenvolvem as suas actividades com base na sua imagem de marca. Consequentemente, verificou-se que os empregados desempenham um papel vital na estratégia.

A Golden Tulip, por exemplo, indicou o facto de que aplica os seus critérios de seleção, formação e desenvolvimento de forma a obter trabalhadores qualificados para corresponder à sua marca internacionalmente cara em Kumasi. Este facto, em conformidade com Wright et al (1994), indica que a seleção e a formação do trabalhador certo contribuem para uma estratégia de diferenciação eficaz. Toda esta ideia é reforçada pelo facto de que, se o mercado-alvo vê pouco valor na singularidade das caraterísticas diferenciadoras, uma estratégia de baixo custo pode facilmente derrotar a estratégia de diferenciação (Thompson et al, 1993). O efeito disto é que se os empregados, que são conhecidos por serem um dos aspectos tangíveis do produto de serviço, não tiverem um desempenho que corresponda à singularidade da estratégia de diferenciação aos olhos dos clientes, a estratégia tornar-se-á ineficaz.

Empregar empregados de alto calibre para apoiar uma estratégia de diferenciação eficaz é muito dispendioso, mas uma diferenciação bem sucedida permite à empresa obter um preço mais elevado para os seus produtos ou vender mais unidades (porque os compradores adicionais são atraídos pelas caraterísticas diferenciadoras) e ou obter uma maior fidelidade dos compradores à sua marca, porque alguns compradores são fortemente atraídos pelas caraterísticas diferenciadoras (Thompson et al, 1993).

No que diz respeito à sustentabilidade da vantagem competitiva das empresas hoteleiras de Kumasi, o investigador tem o seguinte a dizer: em primeiro lugar, parece que as empresas que utilizam a diferenciação como estratégia competitiva têm mais hipóteses de sustentar a sua estratégia competitiva quando o fator "trabalhadores" é considerado. A razão é que a elevada rotatividade da mão de obra parece afetar os hotéis que visam uma estratégia de liderança em termos de custos, e que alcançar uma vantagem sustentável de liderança em termos de custos através dos empregados não é tão eficaz como alcançar a diferenciação através dos empregados. Tudo isto decorre do facto de uma empresa ter de criar barreiras à entrada em torno da sua vantagem competitiva para a tornar sustentável (Neale et al, 2004). Ou seja, através da formação e do desenvolvimento do pessoal adequado para adquirir competências e conhecimentos, juntamente com um bom sistema de recompensas, é provável que os trabalhadores se tornem leais à empresa, melhorando assim a situação de rotação da mão de obra.

### 4.7.2 A função genérica e a vantagem competitiva dos hotéis em Kumasi

Nesta fase, o investigador tentou integrar as funções genéricas da gestão dos recursos humanos e a vantagem competitiva dos hotéis de Kumasi para verificar qual das funções genéricas tem efetivamente maior impacto na vantagem competitiva das empresas hoteleiras de Kumasi.

A apresentação e a análise dos dados revelam claramente que as funções genéricas se agrupam em duas, nomeadamente a seleção e a recompensa, o desempenho e o desenvolvimento. O módulo de critérios de seleção revelou que, à medida que uma empresa hoteleira sobe na escala das estrelas, a eficácia dos seus critérios de seleção melhora. Mas no caso do módulo de recompensa, desempenho e desenvolvimento, foi revelado que o sistema de recompensa, desempenho e desenvolvimento dos hotéis contactados era medianamente eficaz, exceto o(s) de 4 estrelas que foi(ram) identificado(s) na zona de recompensa (indicando um sistema fortemente eficaz).

No que diz respeito à vantagem competitiva, quase todos os hotéis de 1 a 3 estrelas que foram contactados tinham uma abordagem de liderança em termos de custos, enquanto o(s) hotel(is) de 4 estrelas e alguns outros de 3 estrelas implementam uma estratégia de diferenciação. Mas a análise destas duas estratégias competitivas revelou que a implementação da estratégia de diferenciação através dos empregados é mais eficaz do que a liderança de custos através dos empregados, devido à elevada rotação da mão de obra.

Consequentemente, pode inferir-se da literatura e da investigação que o sistema de recompensa, desempenho e desenvolvimento contribui efetivamente para uma vantagem competitiva sustentável no mercado hoteleiro de Kumasi, porque o nível da taxa de rotação da mão de obra de um hotel é determinado pela eficácia do sistema de recompensa, desempenho e desenvolvimento dos empregados desse hotel.

A formação e a recompensa dos seus empregados contribuem para a fase de vantagem competitiva sustentável.

Os sistemas de recompensa utilizados pela maior parte das empresas hoteleiras são financeiros, mas, no seu conjunto, são de natureza extrínseca, o que corrobora a afirmação de DeCenzo et al. (2002) de que a recompensa extrínseca continua a ser considerada uma influência importante no desempenho dos trabalhadores e é considerada independente das recompensas intrínsecas que os trabalhadores obtêm do próprio trabalho. Por conseguinte, o investigador quer argumentar com Decenzo et al, (2002) que a eficácia de um sistema de recompensas implementado depende de certas qualidades que se resumem a um sistema de recompensas normalizado e eficaz. Um tal sistema de recompensas agrada tanto à empresa como aos seus empregados, o que poderia também explicar por que razão os hotéis que conseguem manter a sua estratégia de diferenciação são aqueles que têm uma formação e um sistema de recompensas bem estruturados.

Além disso, como o sistema de recompensa, desempenho e desenvolvimento torna a vantagem competitiva mais bem sucedida para os hotéis em Kumasi, pode ser atribuído ao que Armstrong et al, (1999) estabeleceu que, para uma empresa ser bem sucedida, deve desenvolver os seus empregados. Assim, a partir da discussão anterior, pode ser claramente visto que, embora a seleção dos empregados certos seja muito importante para a capacidade de um hotel de os reter (os empregados certos), um sistema eficaz de recompensa, desempenho e desenvolvimento é realmente vital para a construção de uma vantagem competitiva sustentável em Kumasi.

# CAPÍTULO CINCO

# RESUMO, CONCLUSÕES E RECOMENDAÇÕES

## 5.0 Introdução

O estudo procura examinar a eficácia e a eficiência com que os hotéis de Kumasi utilizam o trabalhador para criar uma vantagem competitiva, que é um fator-chave de sucesso na indústria hoteleira. No entanto, devido ao custo envolvido na seleção, formação e desenvolvimento e motivação do trabalhador, este é negligenciado pela maioria dos gestores, que não analisam o fator de que o custo é de curto prazo, mas quando começa a render, o rendimento é abundante.

Depois de uma extensa pesquisa sobre o tema, de acordo com os objectivos-chave do estudo expostos na secção 1.4, as principais questões do estudo são discutidas e resumidas nas secções seguintes e são dadas recomendações sobre a criação de vantagens competitivas utilizando as funções genéricas da gestão de recursos humanos.

## 5.1 Resumo e conclusões

A necessidade de abordar as funções genéricas das decisões de gestão dos recursos humanos no mundo atual foi salientada no primeiro capítulo. O capítulo dá o mote para o problema de investigação e o objetivo do estudo, bem como para a metodologia. Como base para a revisão da literatura, a parte A do capítulo 2 analisou os conceitos de vantagem competitiva, mostrando como autores como Slater (1996) e Neale et al concordam que uma empresa deve ter uma vantagem excecional de competência distintiva que lhe dê uma vantagem sobre os concorrentes. Porter mostra como as competências essenciais permitem que uma empresa acrescente valor através da adoção de uma das posições estratégicas identificadas por Porter (1985): liderança em termos de custos, diferenciação e orientação para um nicho. Apoiando a mesma ideia, Thompson et al, (1993) salienta as actividades fora da cadeia atividade-custo.

Na Parte B da revisão da literatura, Stile et al, (2004) afirma que a ênfase no capital humano nas organizações reflecte o ponto de vista de que o valor de mercado depende menos dos recursos tangíveis, mas sim dos intangíveis, em particular dos recursos humanos, que têm a ver com o recrutamento e a retenção do empregado. A organização também tem aproveitado as capacidades dos seus empregados através da criação de um ambiente criativo e de apoio à aprendizagem. Para o conseguir, uma organização tem de passar com êxito pela função genérica dos recursos humanos, nomeadamente: seleção, avaliação do desempenho, recompensa e desenvolvimento. Estas quatro funções genéricas dos recursos humanos sugeridas por Devanna et al, (1995) actuam como variáveis independentes num círculo de intervenções de recursos humanos sobre a variável dependente do desempenho.

Não obstante, percebeu-se que um processo de seleção eficaz tem como objetivo básico a contratação de um trabalhador com maior probabilidade de desenvolver uma força de trabalho de elevado desempenho, aumentando a taxa de retorno dos custos de recrutamento, dos custos de formação e dos benefícios e valorizando as despesas salariais. Para que as recompensas sejam úteis, devem estar associadas a um desempenho específico (Beer et al, 1990).

No caso das recompensas, DeCenzo et al,( 2002) defendem que as recompensas intrínsecas e extrínsecas estão intimamente relacionadas, sendo as recompensas intrínsecas as satisfações que se obtêm do trabalho, como o orgulho de ter um sentimento de realização ou de fazer parte de uma equipa. Por outro lado, as recompensas extrínsecas incluem dinheiro, promoções e benefícios adicionais. No entanto, os investigadores motivacionais têm assumido que as recompensas intrínsecas e extrínsecas são independentes. No entanto, os investigadores dos anos 60 e 70 sugeriram que este pressuposto poderia estar errado. Consequentemente, a dedução do investigador é que a recompensa deve basear-se no desempenho no ambiente empresarial.

Neste contexto, a avaliação do desempenho deve ser classificada. A produtividade dos trabalhadores, que implica tanto a eficácia como a eficiência, deve ser medida. Isto implica a definição de normas e a comunicação de normas (expectativas) e, em seguida, a medição do desempenho que conduz a uma ação colectiva quando necessário.

Por isso, é necessário que todas as organizações tenham pessoas bem formadas e experientes para desempenhar as suas actividades. Para que uma organização seja bem sucedida, tem de desenvolver ou formar os seus empregados. A formação e o desenvolvimento dos trabalhadores incidem sobre três conceitos específicos: aprendizagem, formação e educação. DeCenzo et al, (2002) definem a formação como uma experiência de aprendizagem na medida em que procura uma mudança relativamente permanente num indivíduo e melhora a sua capacidade de desempenho no trabalho.

Quando o trabalhador é bem tratado, a competência essencial proporciona uma vantagem competitiva, uma vantagem sobre os concorrentes que não é facilmente imitável porque, a curto prazo, é muito dispendioso selecionar o trabalhador certo, formar, avaliar e recompensar e desenvolvê-lo. Mas, a longo prazo, a vantagem competitiva é duradoura.

Com isto, Austen (2001), ao apoiar a mesma ideia, afirma que uma empresa pode avaliar a sua vantagem competitiva ouvindo o que os seus clientes dizem sobre o seu produto ou serviço e os dos seus concorrentes. Mais uma vez, a vantagem competitiva deve ser difícil de imitar. Como afirma Bill Gates, "se possuirmos o mercado, acabamos por possuir os lucros".

## 5.2 Resumo das conclusões

A investigação revelou que o hotel de quatro estrelas utiliza mais eficazmente a função genérica do que os hotéis de outras estrelas. Ficou claro que quanto mais elevada a classificação por estrelas, mais eficazes são os critérios de seleção, avaliação, recompensa e desenvolvimento utilizados. Os inquiridos indicaram que, quando apreciados, os trabalhadores ficam facilmente de cabeça inchada em vez de motivados, mas isso não acontece no hotel de quatro estrelas, onde tudo é planeado e executado de forma ordenada por um gestor de recursos humanos.

No que respeita à vantagem competitiva, foi revelado que alguns dos hotéis mal compreendem o que é a vantagem competitiva. Para eles, desde que consigam obter alguns clientes, está tudo bem. Percebeu-se também que, nos hotéis com menos estrelas, um empregado pode desempenhar muitas funções. Em alguns hotéis, o gerente é o contabilista, o gestor de recursos humanos, a governanta e quase tudo.

Foi revelado que alguns dos hotéis não investem em formação para cumprir os padrões da indústria hoteleira. Isto ficou claro num dos hotéis de três estrelas, onde um gerente confidenciou que o diretor não o deixa fazer o seu trabalho e que a maioria dos trabalhadores são membros da família sem formação. Isto explica porque é que a direção teve de despromover alguns deles de tempos a tempos. A investigação revelou que a maior parte dos hotéis de menos de 4 estrelas tem uma mentalidade de liderança em termos de custos, mas não tem competências nucleares específicas. As principais conclusões são resumidas a seguir:

(a) A investigação revelou que a maior parte dos hotéis que não atingiram a classificação de 4 estrelas estão orientados para a liderança em termos de custos, mas não dispõem de uma competência essencial específica que lhes permita concretizar a estratégia de liderança em termos de custos.

(b) A maioria dos inquiridos indicou que emprega o pessoal qualificado adequado, mas a entrevista presencial não o confirmou devido à elevada rotação de mão de obra que se verifica nos hotéis de Kumasi.

(c) O investigador apercebeu-se de que alguns dos hotéis de 2 e 3 estrelas estão em funcionamento há bastante tempo, mas não têm o benefício da curva de experiência e da economia de escala devido ao problema da rotação da mão de obra.

(d) O investigador descobriu que poucos hotéis de 3 e 4 estrelas utilizam a diferenciação como estratégia competitiva e são bem sucedidos devido à sua competência central única, que é difícil de imitar.

(e) Verificou-se que a Golden Tulip aplica os seus critérios de seleção, formação e desenvolvimento de forma a obter trabalhadores qualificados que correspondam à sua marca internacional em Kumasi.

(f) Os dados revelaram que as funções genéricas estão agrupadas em duas, nomeadamente: seleção e recompensa, desempenho e desenvolvimento. Foi revelado que, à medida que uma empresa hoteleira sobe na escala das estrelas, a eficácia dos seus critérios de seleção melhora. No entanto, foi revelado que o sistema de recompensa, desempenho e desenvolvimento dos hotéis contactados era medianamente eficaz, com exceção do hotel de 4 estrelas que se situa na zona de recompensa.

## 5.3 Conclusão

Um fator, que é a qualidade do trabalhador, pode distinguir uma organização dos seus concorrentes, especialmente no sector da hotelaria e restauração. Isto é verdade porque o patrocínio do sector dos serviços depende da confiança no prestador de serviços, que é o serviço e o atendimento ao cliente. Por outras palavras, no ambiente competitivo, as pessoas fazem a diferença. Por conseguinte, o investigador quer sublinhar o facto de que a utilização dos recursos humanos como vantagem competitiva nos hotéis de Kumasi é uma necessidade que deve ser satisfeita. em Kumasi é uma necessidade que os gestores não podem ignorar.

## 5.4 Recomendações

O objetivo principal do estudo era descobrir se os hotéis de Kumasi utilizam os recursos humanos como vantagem competitiva. Ao utilizar as funções genéricas dos recursos humanos, nomeadamente a seleção, a avaliação, a recompensa e o desenvolvimento, para examinar a taxa a que o trabalhador é gerido para criar uma vantagem competitiva sustentável em Kumasi, o investigador faz as seguintes recomendações

**(a) Eficácia da liderança em termos de custos**

A investigação revelou que a maior parte dos hotéis em Kumasi, especialmente os que têm uma classificação de estrelas mais baixa, estão orientados para a liderança em termos de custos. Uma investigação mais aprofundada revelou que a estratégia de liderança em matéria de custos não é efetivamente aplicada. Recomenda-se, por conseguinte, que os hotéis de 1 a 3 estrelas encontrem uma competência central específica que lhes permita concretizar uma verdadeira estratégia de liderança em matéria de custos e aconselha-se que se concentrem no desenvolvimento dos seus empregados.

**(b) Calibre da mão de obra**

Como se deduz da investigação, a maior parte dos hotéis recruta mão de obra de baixo calibre e com pouca formação, o que se reflectiu no resultado do módulo de seleção e recompensa, desempenho e desenvolvimento. Por conseguinte, o investigador recomenda que os gestores tenham em conta os benefícios a longo prazo e recrutem e desenvolvam o calibre certo de pessoal, o que é vital para a vantagem competitiva.

**(c) Rotatividade da mão de obra**

O investigador constatou que a rotatividade da mão de obra é muito elevada no sector, especialmente nos hotéis de uma e duas estrelas em Kumasi. Por conseguinte, o investigador recomenda que os gestores recrutem o pessoal certo, formem-no, avaliem-no e recompensem-no bem, de modo a que possa ser mantido durante o período relativamente necessário, para que a seleção e a formação sejam rentáveis e bem gastas.

**(d) Diferenciação efectiva**

A investigação indicou que a seleção e a formação do calibre certo de empregados contribui para uma estratégia de diferenciação eficaz, o que se verificou claramente no Golden Tulip, um hotel de 4 estrelas. Por conseguinte, o investigador recomenda que, apesar de ser bastante dispendioso apoiar uma estratégia de diferenciação eficaz através da contratação de empregados de elevado calibre, uma vez que uma diferenciação bem sucedida impõe um preço mais elevado para os seus produtos, os hotéis de Kumasi devem considerar investir nessa estratégia.

### (e) Formação e desenvolvimento do trabalhador

A investigação revelou também que a formação e o desenvolvimento do trabalhador certo permitem a uma empresa criar uma vantagem competitiva sustentável. Por conseguinte, recomenda-se que as empresas criem barreiras à entrada em torno da sua vantagem competitiva através da formação e do desenvolvimento do pessoal, juntamente com um bom sistema de recompensas. Isto pode mesmo melhorar a sua situação de rotação de mão de obra.

# REFERÊNCIAS


Aharoni, Y (1993) **In Search for the Unique: Can Firms Specific Advantages be Evaluated?** Journal of Management Studies. pp. 33 - 49.

Armstrong J. Scott e Terry S. Overton (1997), "**Estimating Non Response Bias Surveys**", Journal of Marketing Research. pp. 396 - 402.

Asafo, S.M (2006) "**Strategic Issues in Human Resources Management**",

Chartered Institute of Administration. pp. 56 - 63.

Barney, J. (1991). **"Firm resources and sustained competitive advantage"** Journal of Management, Vol. 17. No 1, pp. 99-120.

Beer, M.J (1991) **"Firm Resources and Sustained CompetitivAdvantage"**

Journal of Management, vol.17; No 1, pp. 99 - 120

Boxall, P. (1992) **"Strategic Human Resource Management Journal".** Vol. 2, No 3 pp. 60-79.

Christopher, M. (1998): "**Logistics and Supply Chain Management. Strategies for Reducing Cost and Improving Services**" Prentice Hall, London p. 20

Colin, F. (2007) 2nd edition "**Researching and Writing A Dissertation".** pp. 189190.

Collis, D.J. e Montgomery, C.A. (1995) "**Competing On Resources Strategy in the 1990",** Harvard Business Review, pp. 118 - 128

Cunningham, B. e Lischeron, J. (1991) "**Defining Entrepreneurship",** Journal of Small Business Management, pp. 45 - 61

Day, G.S. e Wensley, R. (1988), "**Assess Advantage: A Framework for Diagnosing Competitive Superiority",** Journal of Marketing, p. 52.

DeCenzo, D.A. e Robbins, S.A. (2002) **"Personnel /Human Resource**

**Management",** 3ª edição, Nova Deli, Índia: Prentice Hall, pp. 237,177,146.

Donald, R. (2001) **"Business Research Methods",** 7th Edition, Nova Iorque:

McGraw-Hill Irwin, pp. 184-190; 312-314.

Erica, O. (2002) "**Competitive Advantage - Building a Lasting Organization" (Vantagem Competitiva - Construindo uma Organização Duradoura).**

U.K. Small Business Essentials. pp. 1 & 3.

Hayes, R.H., Gary P.P. e Upton, D.M, (1996), "**Strategic Operation:**

**Competitive through Capabilities"** (Text and Cases), Nova Iorque: The free press. p. 5

Hunt, S. e Morgan R.M. (1995), "**The Competitive Advantage Theory of Competition",** Journal of Marketing, p. 59.

Jacobson, R. (1988) "**The Persistence of Abnormal Returns",** Strategic

Management Journal, Suécia, pp. 41-58.

James, M. **"The Personnel Management Sourcebook",** U.S.A. : Alexander Hamilton Inst.

pp. 78, 91 e 263.

Jassim, R. K. e Jaber, G. (1998) "**Competitive Advantage through the Employees**" Research paper, Nova Zelândia: Universidade de Auckland, p. 337-410.

Legge, K. (1995) "**Human ResourceManagement-Rhetoric and Realities** "Macmillan Business. p. 308

Mahoney, J.T. (1995) "**The Management of Resources and Resource of Management**", Journal of Business Research pp. 33, 91-101.

Maund, (2001) "**An introduction to human resource management**", Nova Iorque: Palgrave Macmillan. pp. 150, 321, 427

McGrath, R., Tsai, Venkataman, S. (1996) "**Innovation, Competitive Advantage and Rent**", Austrália: Graduate School of Management. P. 42

Miles, R.E. e Snow C.C. (1978) "**Organisational Strategy, Structure and Process**".New York: McGraw Hill p. 14

Porter, M.E. (1985), "**Competitive Advantage of Nations**". Nova Iorque: Free Press. pp.13-14.

Prahaled, E. K. e Gary Hammel, G., (1990). "**A competência essencial da empresa**". Harvard Business Review. p. 68

Reed, R. e DeFillipi, R., (1990), "**Causal Ambiguity and Sustainable Competitive Advantage**", Academy of Management Review, pp. 15, 98-112. Saunders, M., Lewis P., Thornhill A. (2007) "Research **Methods for Business Students**", 4th Edition, London: Prentice Hall, pp. 220-224; 120-124.

Slater, S.F. (1996)" **The Challenge of Sustaining Competitive Advantage in Industrial Marketing Management**", 25. Jahrgang. pp. 79 - 86

Stiles, P. e Kulvisaechana, S. (2003) "**Human Capital and Performance**", Cambridge: Universidade de Cambridge, pp. 3 -5

# APÊNDICE UM

## QUESTIONÁRIO DESTINADO AOS QUADROS SUPERIORES E AO PESSOAL DE ENQUADRAMENTO

O investigador é um estudante da Kwame Nkrumah University of Science and Technology (KNUST) School of Business, que está a fazer um mestrado em gestão de empresas (MBA) e estuda as funções genéricas dos recursos humanos e a vantagem competitiva no sector hoteleiro, como parte dos requisitos para a obtenção do grau de MBA.

O investigador deseja assegurar aos operadores do estabelecimento que os resultados do trabalho serão utilizados exclusivamente para fins académicos e que será tomado um cuidado especial para obter a autorização necessária para a utilização dos dados relevantes neste estudo. As perguntas foram concebidas para recolher informações sobre o tema acima mencionado. O investigador agradece, por isso, a sua disponibilidade para responder às seguintes questões.

### Secção A: Geral e concorrencial

1. Há quanto tempo existe a vossa empresa?

   1-5 anos l5-10 anos 10-20 anos 20 anos e mais

2. O que é que a sua empresa faz melhor?

   Venda de alojamento

   Serviço Preparação de alimentos Excelente serviço de limpeza outros

3. Quais são as suas competências únicas e o seu foco? Custos moderados dos quartos - excelente atendimento ao cliente

   Excelente na confeção de um determinado prato

4. Dispõe de uma vantagem competitiva ? Não

5. Se a sua resposta à pergunta (4) for afirmativa, em que domínio se encontra a sua vantagem competitiva?

   Foco Diferenciação Custo

6. É difícil de imitar pelos concorrentes? Sim Não

Justifique a sua resposta ..................................................................................................................

7. A sua vantagem competitiva é sustentável? Sim Não

## Secção B: Seleção

8. Seleciona o trabalhador certo? Sim Não

9. Quais são os critérios que utiliza? Entrevista teste de aptidão e outras competências

10. Os seus empregados auto-desenvolvem-se sem necessidade de formação na empresa? Sim Não

11. Tem algum problema no seu processo de seleção? Sim Não

12. Qual é a natureza do problema? ..................................................................................................

## Secção C: Avaliação do desempenho

13. Existem métodos de avaliação do desempenho dos trabalhadores? Sim Não

14. Com que frequência avalia o desempenho dos seus empregados? Anualmente Semestralmente

Trimestral Mensal Conforme necessário

15. Qual é o método de avaliação do desempenho utilizado?..........................................................................

16. Qual a utilidade da sua avaliação de desempenho? Útil Muito útil

Bastante útil Pouco útil

17. Encontra algum problema na utilização do seu método de avaliação? Sim Não

18. Qual é a natureza do problema..........................................................................................................

## Secção D: Recompensa

19. Tem um sistema de recompensas em vigor? Sim Não

20. Se a resposta for "sim", é motivador? Sim Não

21. Qual é o sistema de recompensas em vigor? Salário/subsídio

Prestação de fim de ano outros

**Secção E: Desenvolvimento**

22. A empresa tem algum programa de formação em vigor? Sim Não

23. Em caso afirmativo, que tipo de formação é ministrada? No local de trabalho fora do trabalho

Estágio estágio outros

24. A formação e o desenvolvimento são benéficos para a empresa? Sim Não

25. Porque é que investe em formação e desenvolvimento? Beneficia com isso? Sim Não

Em caso afirmativo, especificar o tipo de prestação ..........................................................................................

# APÊNDICE DOIS

# CRITÉRIOS DE SELECÇÃO

Criatividade e inovação: Este critério destina-se a determinar a criatividade e a inovação de cada indivíduo, com uma ponderação de 1 a 4. 1. Elevada, 2. Média, 3. Baixa, 4. Nenhuma

---

Taxa de absentismo: Este critério destina-se a determinar a taxa de absentismo. Ponderação dos critérios 1-4.

1. Nenhum
2. Baixa
3. Média
4. Elevado

---

Competências e aptidões: Este critério destina-se a determinar as competências e aptidões de cada indivíduo que podem contribuir para o trabalho. Ponderação dos critérios 1-4.

1. Elevado
2. Média
3. Insignificante
4. Nenhum

---

Taxa de incidentes disciplinares: Este critério determina a taxa de comunicação de incidentes disciplinares. Ponderação dos critérios 1-4. 1. Nenhum, 2. Baixo, 3. Médio, 4. Alto

---

Qualificações: Este critério é selecionado para avaliar as qualificações do candidato. Ponderação dos critérios 1-3

1. A qualificação desejada
2. Sobrequalificado
3. Menos do que a qualificação desejada

# CRITÉRIOS DE DESEMPENHO, RECOMPENSA E DESENVOLVIMENTO

Empenho: Este critério destina-se a determinar o empenhamento de cada indivíduo no trabalho. Ponderação dos critérios 1-4.

1. Compromisso elevado, 2. Compromisso médio, 3. Compromisso razoável, 4. Compromisso baixo

Produtividade: Este critério destina-se a determinar o nível de produtividade que a empresa terá de cada indivíduo. Ponderação dos critérios 1-3.

1. Produtividade elevada, 2. Produtividade média, 3. Produtividade baixa

Erros: Este critério destina-se a determinar os erros cometidos por cada indivíduo no exercício da sua atividade. Ponderação dos critérios 1-4.

1. Nenhum, 2. Baixo, 3. Médio, 4. Alto

Criatividade e inovação: Este critério é selecionado para avaliar a criatividade e a inovação do trabalhador. Ponderação dos critérios 1-4.

1. Alto, 2. Médio, 3. Baixo, 4. Nenhum

Taxa de absentismo: Este critério determina o absentismo do trabalhador. Ponderação dos critérios 1-4.

1. Nenhum, 2. Baixo, 3. Médio, 4. Alto

Taxa de incidentes disciplinares: Este critério determina o número de incidentes disciplinares do trabalhador. Ponderação dos critérios 1-4.

1. Nenhum, 2. Baixo, 3. Médio, 4. Alto

## APÊNDICE TRÊS
## GUIA DE ENTREVISTA

1. Que grupo de clientes serve?

2. Como é que os seus clientes o vêem?

3. Como é que se posiciona no mercado?

4. Que papel desempenham os seus colaboradores ou os RH na concretização desta estratégia?

5. Como proceder à seleção do seu empregado?

6. Após a seleção, existe um programa de formação?

7. Os trabalhadores estão a abandonar a sua empresa? Para além do salário normal, tem algum sistema que estimule o desempenho dos trabalhadores?

8. Tem um sistema de recompensas? Se alguém consegue ter um desempenho de acordo com as expectativas ou excedê-las, recompensa essa pessoa?

9. Existem critérios de avaliação do desempenho? Como é que avalia o desempenho dos seus empregados?

10. Esse exercício permitiu-lhe detetar a necessidade de formar um empregado? É capaz de identificar uma necessidade de formação?

11. Acredita que uma empresa se pode diferenciar através dos seus empregados?

More Books!

yes

I **want** morebooks!

Buy your books fast and straightforward online - at one of world's fastest growing online book stores! Environmentally sound due to Print-on-Demand technologies.

Buy your books online at
**www.morebooks.shop**

Compre os seus livros mais rápido e diretamente na internet, em uma das livrarias on-line com o maior crescimento no mundo! Produção que protege o meio ambiente através das tecnologias de impressão sob demanda.

Compre os seus livros on-line em
**www.morebooks.shop**

info@omniscriptum.com
www.omniscriptum.com

OMNIScriptum

MIX
Papier aus verantwortungsvollen Quellen
Paper from responsible sources
FSC® C105338

Printed by Books on Demand GmbH, Norderstedt / Germany